Münsterschwarzacher Kleinschriften

herausgegeben
von den Mönchen der Abtei Münsterschwarzach

Band 32

Anselm Grün

Glauben als Umdeuten

glauben – lieben – loben

Vier-Türme-Verlag

7., überarbeitete und aktualisierte Auflage 2002
© Vier-Türme GmbH, Verlag Münsterschwarzach
Alle Rechte vorbehalten
Umschlaggestaltung: Morian & Bayer-Eynck, Coesfeld
Umschlagmotiv: Morian & Bayer-Eynck, Coesfeld
Gesamtherstellung: Benedict Press, Münsterschwarzach

CIP-Kurztitelaufnahme der Deutschen Bibliothek
Grün, Anselm:
Glauben als Umdeuten: glauben, lieben, loben /
Anselm Grün. –
Münsterschwarzach: Vier-Türme-Verlag, 1986.
(Münsterschwarzacher Kleinschriften; Bd. 32)
ISBN 3-87868-221-2
ISSN 0171-6360

Inhalt

Einleitung

Mit dem Glauben tun sich heute viele Menschen schwer. Sie meinen, Glauben sei »etwas nicht so genau wissen«. Andere haben den Eindruck, sie müßten glauben, was ihnen die Kirche vorschreibt. Und das widerstrebt ihnen. Sie möchten das glauben, was ihrem Herzen entspricht. Wieder andere verbinden mit Glauben ein Glaubenssystem, eine starre Dogmatik, die man blind übernehmen müsse. Bei Diskussionen über den Glauben merke ich, wie viele schnell damit fertig sind. Sie behaupten, sie würden nicht glauben. Andere sagen, sie würden zwar an ein höheres Wesen glauben, aber mit all dem, was die Kirche als Glauben verkündet, könnten sie wenig anfangen. Ich möchte in dieser Kleinschrift den Leser und die Leserin nicht davon überzeugen, daß sie unbedingt glauben müßten. Ich möchte mich bewußt an die suchenden Menschen wenden und ihnen einen Weg aufzeigen, wie man Glauben *auch* sehen kann. Dabei beanspruche ich nicht, daß das die einzig mögliche Sicht ist. Ich möchte vielmehr einen etwas ungewohnten Zugang zum Glauben aufzeigen.

Auf die Idee, den Glauben so zu sehen, wie es in dieser Kleinschrift geschieht, brachte mich das psychologische Buch »Lösungen. Zur Theorie und

Praxis menschlichen Wandels«[1]. Dort untersuchen drei amerikanische Psychologen die Bedingungen, wie Probleme und Konflikte sinnvoll gelöst werden können. Sie unterscheiden dabei Lösungen erster und zweiter Ordnung. Lösungen erster Ordnung bleiben auf der gleichen Ebene und entspringen dem gesunden Menschenverstand. Eine solche Lösung liegt vor, wenn wir uns bei zunehmender Kälte immer wärmer anziehen. Oft genügt aber diese Lösung »Mehr desselben« nicht. (51ff) Wenn wir zum Beispiel einen depressiven Menschen immer mehr aufmuntern, wird ihm das in seiner Traurigkeit auch noch ein schlechtes Gewissen einimpfen, daß er überhaupt traurig ist. Oder wenn wir Probleme beim Einschlafen haben, dann sind die verstärkten Versuche, den Schlaf willentlich herbeizuführen, zum Scheitern verurteilt.

Die Autoren unterscheiden drei typische Fehllösungen:

1. Ein Problem wird einfach verleugnet. Man will es nicht wahrhaben. Die Franzosen sprechen dann von »terribles simplificateurs«, von den schrecklichen Vereinfachern. Man meint, alles sei in Ordnung, und verteufelt alle, die die Verleugnung des Problems nicht mitmachen. (60f)

2. Es werden utopische Lösungen versucht. Zu hohe Ideale werden als erreichbar und erstrebenswert hingestellt. Man meint, eine allgemeine, allumfassende Lösung für diese Welt gefunden zu haben, und man setzt diese Lösung dann gegen alle Widerstände durch. Oder man schildert zum Beispiel die Ehe in so rosigen Farben, daß sich

jede Durchschnittsehe als höchst unvollkommen erscheinen muß.

»*Und hier nun, unter der Flagge der Vervollkommnung, entsteht ein Problem, wo vorher keines war. Wer diese These von der idealen Ehe übernimmt, begibt sich damit nicht nur nicht auf den Weg der Lösung eines Problems, sondern schafft durch diesen Akt der Zielsetzung erst sein Problem: die Lösung ist dann das Problem, das zu lösen ist.*« (79)

Die utopische Lösung wird häufig auf politischem Gebiet angestrebt. Man erwartet sich eine ideale Welt, in der alle in Frieden leben. Schon Hölderlin stellt dazu fest: »Immerhin hat das den Staat zur Hölle gemacht, daß ihn der Mensch zu seinem Himmel machen wollte.« (81)

3. Die Paradoxien. Eine Paradoxie liegt vor, wenn man einem befiehlt »sei spontan!«. Oder wenn eine Mutter ihrem Kind beibringen will, daß es nicht nur arbeitet, weil sie es ihm befiehlt, sondern daß es von sich aus arbeiten will. Die Paradoxie besteht in der

»*Forderung nach einem Verhalten, das sich seinem Wesen nach nur spontan geben kann, dessen Spontaneität (und damit die Möglichkeit seines Eintretens) aber eben durch sein Gefordertwerden unmöglich gemacht wird.*« (86)

Gegenüber diesen Fehllösungen werden Lösungen zweiter Ordnung beschrieben, die die Ebene, auf der das Problem besteht, übersteigen und von einer anderen Warte aus eine Lösung finden. Diese Lösungen zweiter Ordnung erscheinen oft

»absurd, unerwartet und vernunftwidrig. Sie sind ihrem Wesen nach überraschend und paradox. Lösungen zweiter Ordnung heben die zu lösende Situation aus dem paradoxen, selbstrückbezüglichen Teufelskreis heraus, in den sie die bisherigen Lösungsversuche geführt haben, und stellen sie in einen neuen weiteren Rahmen.« (105)

Als Beispiel führen die Autoren das Problem an, die neun Punkte in einem Quadrat durch vier gerade zusammenhängende Linien zu verbinden:

Wenn ich im Rahmen des Quadrates bleibe, gibt es keine Lösung. Ich muß den Rahmen übersteigen. Dann ist die Lösung ganz einfach (siehe S. 80). Eine solche Lösung, die den Rahmen des Problems übersteigt, ist die »sanfte Kunst des Umdeutens«. Als Beispiel dafür erzählen die Autoren eine Geschichte von Mark Twain.

Es ist Samstagnachmittag, Freizeit für alle Jungen, außer Tom Sawyer, der dazu verurteilt ist, einen dreißig Meter langen, neun Fuß hohen Zaun zu tünchen. Das Leben scheint ihm öde, das Dasein eine Last. Es ist nicht nur die Arbeit, die er unerträglich findet, sondern besonders der Gedanke an alle Jungen, die vorbeikommen und ihn auslachen werden, weil er zu arbeiten hat. In diesem dunklen, hoffnungslosen Moment, erklärt Mark Twain, kommt Tom eine Eingebung. Eine große, eine herrliche Eingebung! Und kurz darauf schon nähert sich ein Junge, Ben, dessen Spott er von allen am meisten gefürchtet hatte:

»Hallo, alter Knabe, Strafarbeit, ja?«

»Ach, du bist's, Ben, ich hab' gar nicht aufgepaßt!«

»Hör' du, ich geh' schwimmen, willst du vielleicht mit? Aber gelt, du arbeitest lieber, natürlich, du bleibst viel lieber da, gelt?«

Tom maß ihn erstaunt von oben bis unten.

»Was nennst du eigentlich arbeiten?«

»W-was? Ist das keine Arbeit?«

Tom tauchte seinen Pinsel wieder ein und bemerkte gleichgültig:

»Vielleicht – vielleicht auch nicht! Ich weiß nur soviel, daß es dem Tom Sawyer paßt.«

»Na, du willst mir doch nicht weismachen, daß du's zum Vergnügen tust?«

Der Pinsel strich und strich.

»Zum Vergnügen? Na, ich seh' nicht ein, warum nicht. Kann unsereiner denn alle Tage 'nen Zaun anstreichen?«

Das warf nun ein neues Licht auf die Sache. Ben überlegte und knupperte an seinem Apfel. Tom fuhr sachte mit seinem Pinsel hin und her, trat dann zurück, um die Wirkung zu prüfen, besserte hier und da noch etwas nach, prüfte wieder, alles ohne sich im geringsten um Ben zu kümmern. Dieser verfolgte jede Bewegung, eifriger

*und eifriger mit steigendem Interesse. Plötzlich
sagte er:*

»Du, Tom, laß mich ein bißchen streichen!«

*Gegen Mitte Nachmittag hat der Zaun drei
Lagen Tünche, und Tom schwimmt in Reichtum:
für das Privileg, einen Teil des Zauns tünchen zu
dürfen, hat sich ein Junge nach dem anderen von
seinen Kostbarkeiten getrennt. Es ist Tom gelun-
gen, harte Arbeit als ein Vergnügen hinzustellen,
für das man zu zahlen hat, und seine Freunde haben wie ein Mann diese Umdefinierung der Wirklichkeit angenommen.* (116f)

Das ist für die Autoren ein typisches Beispiel
für eine Lösung zweiter Ordnung. Es ist die Lösung des Umdeutens. Mich hat der Begriff der
Umdeutung dazu geführt, neu über das Wesen des
Glaubens nachzudenken. Der Glaube erscheint für
mich so eine Umdeutung der Wirklichkeit zu sein.
Im Glauben versuche ich, die Wirklichkeit in einem neuen Licht zu sehen und in einer neuen Weise
zu deuten. Ich übersteige die Ebene, auf der das
Problem liegt, und versuche, es von Gott her zu
sehen. Damit verlasse ich die erste Ordnung, auf
der Probleme oft nicht zu lösen sind.

Von Gott her sehe ich die Wirklichkeit, wie sie
in Wahrheit ist. Ich übersteige meinen engen Hori-
zont und kann manches verstehen, was auf den
ersten Blick unverständlich erscheint. Von Gott her
kann ich die Wirklichkeit umdeuten, um besser und
wirklichkeitsgerechter damit umzugehen. Das Übersteigen der Ebene, auf der die Probleme bestehen,
läßt mich Lösungen zweiter Ordnung entdecken.

Zwei Merkmale kennzeichnen jedoch das Umdeuten im Glauben gegenüber der »sanften Kunst des Umdeutens«, die Tom Sawyer so erfolgreich praktiziert hat. Der Glaube ist ein umfassendes Deutungsmodell, das sich nicht mehr nur auf einzelne Probleme wie das Streichen eines Zaunes bezieht, sondern auf das Leben als ganzes. Tom Sawyer hätte Krankheit, Unglück und Tod wohl nicht so leicht umdeuten können. Da nützen keine spontanen Einfälle mehr. Da brauche ich schon ein tragfähiges Deutungsmodell.

Der Glaube deutet das ganze menschliche Leben um. Er bezieht sich auf alle Bereiche, auf Erfolg und Mißerfolg, auf Geburt und Tod, auf Gesundheit und Krankheit, auf Glück und Unglück, auf alle Erfahrungen, die uns oft dunkel erscheinen und die wir nicht einordnen können: auf die Erfahrung von Krisen, die unser Leben erschüttern, auf die Erfahrung von Einsamkeit und Verzweiflung, von Leere und Sinnlosigkeit, von Enttäuschung und Nichtverstandenwerden, von Ungeborgenheit und Fremdheit. So ein umfassendes Deutungsmodell kann ich mir nicht mehr selbst entwerfen, sondern es muß mir von einem anderen angeboten werden.

Ich kann mir die Deutung nicht selbst geben, ich muß sie mir von Gott sagen lassen. Gott deutet uns die verschiedensten Situationen unseres Lebens in seinem Wort, das uns in der Bibel überliefert ist. Dieses Wort wird uns in der Liturgie gesagt, wir tragen es mit uns in der Meditation und im Gebet. Indem wir uns ein Schriftwort immer wieder vorsagen, üben wir uns ein in die Umdeutung des Glaubens, versuchen wir, unser Leben von diesem Wort her zu beleuchten und umzudeuten.

Die Sakramente der Kirche deuten die Knotenpunkte unseres Lebens um, die Feste des Kirchenjahres greifen die verschiedenen Erfahrungen unseres Lebens auf und lassen sie uns in einem neuen Licht sehen. Ebenso wollen uns die Dogmen der Kirche helfen, unser Leben anders zu sehen. Die Dogmen sind keine abstrakten Begriffe, die uns zwingen, irgendetwas für wahr zu halten, womit wir uns schwertun. Die Dogmen sind vielmehr Bilder, durch die wir die Wirklichkeit in einem neuen Licht sehen können. Dogmen bringen uns keine neuen Fakten, sondern sie deuten uns die Fakten, mit denen wir uns konfrontiert sehen.

Die Erfahrungen seines Lebens deuten zu können, nicht mehr im Dunkel tappen zu müssen, nicht mehr der Sinnlosigkeit und Absurdität ausgesetzt zu sein, das war für die Theologie eines Clemens von Alexandrien[2] das Wesen der Erlösung, die uns Christus gebracht hat. Christus ist der Erleuchter, der Erzieher und Wegweiser zum Leben. Er deutet uns unser Leben, so daß es verständlich und durchschaubar wird. Wir sehen nun einen Sinn in unserem Leben. Wir blicken durch, wir kennen uns aus. Wir können unser Leben und alle unsere Erfahrungen deuten, einordnen, von Gott her verstehen als Weg zum wahren Leben. Durch seine Umdeutung befähigt uns Christus zum Leben. Und das meint ja Erlösung: zu einem sinnvollen Leben befreit sein.

Wenn ich die Wirklichkeit anders sehe, kann ich anders damit umgehen und mich anders fühlen. So konnte Tom Sawyer durch seine Umdeutung anders mit dem Zaunstreichen umgehen und hat sich dabei besser gefühlt, als wenn er sich in seinen Groll hineingesteigert hätte. Diese Struktur anders sehen, anders damit umgehen und sich anders fühlen, begegnet uns in drei deutschen Wörtern wieder, die die gleiche Wurzel haben: glauben, lieben, loben.

Die indogermanische Wurzel ist »leubh«[3], im Althochdeutschen wird es zu liob und bedeutet: lieb, freundlich, gut, angenehm. *Glauben* heißt dann, für gut und angenehm halten, etwas als gut ansehen. *Lieben* heißt lieb haben, gern haben, gut haben, gut umgehen, gut behandeln, gut machen. Und *loben* bedeutet etwas lieb nennen, gut nennen, gut von etwas sprechen. Die gemeinsame Herkunft der Wörter ist nicht zufällig, sondern entspringt der Erfahrung. Sprache ist verdichtete Erfahrung. Glauben, lieben und loben haben unsere Vorfahren als innere Einheit erlebt. Der innere Zusammenhang dieser drei Begriffe kann uns eine Hilfe sein, das Wesen des Glaubens und seine Beziehung zur Liebe und zum Lob Gottes besser zu verstehen.

Von der Wortgeschichte her besteht das Wesen des Glaubens in einem guten Sehen der Wirklichkeit. Ich sehe die Welt gut und deute sie in die Richtung des Gutseins um. Wenn ich aber etwas für gut und lieb halte, kann ich es auch lieb haben und lieb nennen. Die Liebe folgt aus dem Glauben.

Sie ist das dem Glauben gemäße Verhalten. Sie ist kein Gebot, das uns von außen her auferlegt wird und uns überfordert. Wenn ich etwas als gut erkannt habe und wenn es mir lieb geworden ist, dann gehe ich von selbst gut damit um, dann habe ich es auch lieb und behandle es lieb. Und ich werde es auch lieb nennen. Im Loben bringe ich das als gut Erkannte und Erlebte auch zur Sprache.

Der Zusammenhang von glauben, lieben und loben beschreibt für mich die Grundstruktur der christlichen Botschaft. Jesus hat uns keine Fülle neuer Gebote auferlegt, sondern er hat uns zuerst gelehrt, unser Leben, die Welt und Gott neu zu sehen. Und aus dieser neuen Sicht, die er uns selbst vorgelebt hat, erwächst dann von selbst auch ein neues Verhalten und ein neues Daseinsgefühl. Jesus hat uns durch seine Art, mit den Menschen umzugehen, durch seine Worte, durch sein Leben und durch sein Sterben die Augen geöffnet, er hat uns den Glauben als neue Sehweise, die Liebe als neue Verhaltensweise und das Loben als Ausdruck unseres neuen Daseinsgefühls ermöglicht.

I. Glauben – gut sehen – umdeuten

Glauben ist eine Weise, die Wirklichkeit zu sehen und sie zu deuten – und zwar von Gott her. Die Grundfrage der Philosophie war seit Jahrhunderten: Was ist wirklich? Können wir die Wirklichkeit so erkennen, wie sie ist? Können wir nur die Erscheinung des Seienden, die Phänomene sehen oder können wir das Sein des Seienden erkennen?[4]

Die Geschichte der verschiedenen Deutungen zeigt uns, daß wir die Realität nicht in ihrer reinen Objektivität erkennen können, sondern immer nur als schon gedeutete Wirklichkeit. Die Wirklichkeit erkennen hängt maßgeblich von unserer subjektiven Verfaßtheit ab. Wir sehen immer nur Ausschnitte der Wirklichkeit. Und welche Ausschnitte das sind, hängt von der Brille ab, die wir gerade aufhaben. Eine Landschaft erscheint immer wieder neu je nach dem Licht, in das sie getaucht ist. Im Sonnenschein sieht sie anders aus als im Regen oder bei Nacht. Und doch ist es immer die gleiche Landschaft.

Das Licht, in dem wir die Landschaft sehen, ist jedoch nicht nur das äußere Licht der Sonne, sondern immer auch unser eigenes Licht, unsere innere Gestimmtheit. Wenn es uns gutgeht, erscheint uns die Landschaft schöner. Wenn es uns schlecht geht, dann sehen wir sie gar nicht richtig, dann kann uns nichts mehr an ihr beeindrucken. Ich kenne Menschen, die in einer wunderbaren Gegend spazierengehen. Aber sie nehmen die Schönheit um sich herum gar nicht wahr. Sie sind so auf ihre Probleme fixiert, daß sie blind sind für die Landschaft, die sie umgibt. Dann ist die Landschaft für sie nicht wirklich da.

Der Glaube ist nun ein ganz bestimmtes Modell, mit dem wir die Wirklichkeit zu sehen versuchen. Es ist das Modell, das uns die Heilige Schrift anbietet. Bei diesem Modell sehen wir die Landschaft nie nur in ihrer jeweiligen subjektiven oder objektiven Beleuchtung, sondern wir sehen sie auch als Schöpfung Gottes. Und diese Deutung läßt sie uns noch einmal anders erkennen. Diese Erkenntnis der Landschaft als Schöpfung ruft in uns auch eine eigene Stimmung hervor.

Es gibt also drei Arten von Beleuchtung, die uns die Landschaft bzw. jede Wirklichkeit jeweils anders sehen lassen: die äußere Beleuchtung durch die Sonne, die innere Beleuchtung durch unsere Stimmung und die Beleuchtung durch das Verstehensmodell, durch das Modell des Glaubens oder aber der rein naturwissenschaftlichen Sichtweise. Dabei hängen alle drei Sichtweisen miteinander zusammen. Wenn die Sonne scheint, hellt das meistens auch unsere innere Stimmung auf. Und wenn wir selbst gut gelaunt sind, erscheint uns die Welt heller. Und die Sichtweise des Glaubens beeinflußt ebenso unsere innere Stimmung wie den äußeren Eindruck, den wir von der Wirklichkeit haben.

Die Umdeutung meines Lebens

Wenn wir die Sehweise des Glaubens nun auf unseren Alltag anwenden, so werden uns nicht nur alle Widerfahrnisse in einem neuen Licht erscheinen, sondern wir werden auch in einer anderen inneren Haltung und Stimmung an die Dinge herangehen und auf sie reagieren.

Unser Alltag stellt Anforderungen an uns: Wir müssen arbeiten, wir müssen mit Menschen zurechtkommen, wir haben Pflichten gegenüber unserer Familie, dem Betrieb, der politischen Gemeinde und dem Staat. Und bei allem, was wir tun, deuten wir auch unser Tun. Wir sind nicht einfach nur mit der Arbeit beschäftigt, sondern wir kommentieren auch das, was wir tun. Und dieser Kommentar, den wir zu allem geben, beeinflußt unsere Stimmung.

Wenn wir in der Straßenbahn fahren, so geben wir einen Kommentar zu den Fahrgästen ab. Wir beobachten sie und deuten: »was der sich wohl denkt, wie die komisch aussieht, wie unzufrieden der dreinschaut, wie man sich nur so anziehen und benehmen kann. Mit dem möchte ich nichts zu tun haben, mit der möchte ich gerne mal reden, die ist mir sympathisch«. Oder wenn wir eine Arbeit verrichten, wenn wir die Briefe auf unserem Schreibtisch erledigen, wenn wir unser Zimmer putzen, wenn wir im Garten arbeiten, immer geben wir einen Kommentar dazu ab. Wir sagen uns zum Beispiel vor: »Das macht richtig Spaß!« Oder aber: »Ach, schon wieder diese stumpfsinnige Arbeit.

Wann bin ich endlich fertig, immer mutet man mir die unangenehmen Sachen zu.«

Besser geht es mir mit meiner Arbeit, wenn ich mir sage: »Eins nach dem anderen. Es gibt nichts Wichtigeres als jetzt diesen Brief zu schreiben.« Der Kommentar, den wir zu unserer Arbeit abgeben, ist abhängig von unserer Stimmung, aber er kann auch unsere Stimmung prägen. Wenn wir unser Leben negativ kommentieren, werden wir auch schlecht gelaunt sein. Und umgekehrt, wenn wir der Arbeit gute Seiten abgewinnen, wird sie uns auch Freude machen.

Es ist unsere Entscheidung, welche Kommentare wir zu unserem Leben abgeben. Der Glaube deutet unser Leben ganz bewußt von Gott her. Er sieht in allem Gott am Werk. Gott spricht zu mir in allen Dingen meines Lebens. Er mutet mir diese Aufgabe zu, er begleitet mich bei Schwierigkeiten, er hilft mir, er ist bei mir, er ist in mir. Sein Geist belebt mich und gibt mir Schwung. Wenn ich von dieser Sicht her an meine Arbeit herangehe, so erscheint sie in einem anderen Licht. Ich nehme sie an als Aufgabe von Gott. Und wenn etwas schiefläuft, so kommentiere ich es nicht sofort als Versagen oder als Verschulden der anderen, die mir übel wollen, sondern ich bespreche es mit Gott, frage ihn, was er mir damit sagen will. Ich darf dabei jedoch die Ereignisse nicht vorschnell als Willen Gottes deuten, sondern soll nach dem Willen Gottes in den Ereignissen fragen.

Als eine junge Frau zur Arbeit fahren wollte und ihr Auto nicht ansprang, interpretierte sie das so, daß Gott nicht wollte, daß sie zur Arbeit komme. Und sie blieb zu Hause. Sie hat voreilig Gottes Willen in ihrem Sinn festgelegt. Genauso verkehrt wäre es jedoch, wenn ich den ganzen Tag darüber schimpfen würde, über das blöde Auto, über den Autohändler, der mir solchen Schrott angedreht hat, oder darüber, daß die ganze Welt sich gegen mich verschworen hat, daß ausgerechnet immer mir so etwas passieren muß. Dann würde ich das Ereignis auch falsch deuten. Ich würde es auf einen ganz bestimmten Sinn festlegen.

Im Glauben deuten heißt, die Ereignisse nicht vorschnell festzulegen, sondern zu fragen: Was will Gott mir jetzt damit sagen? Zumindest bekomme ich dann erst einmal einen inneren Abstand dazu. Ich kann mich mit dem Mißgeschick aussöhnen. Es relativiert sich. Auf einmal ist es gar nicht mehr so schlimm. Ich finde andere Möglichkeiten, darauf zu reagieren. Daß das Auto nicht anfährt, kann ich sowieso nicht ändern. Aber ich könnte dieses Faktum umdeuten. Ich könnte zum Beispiel im Betrieb anrufen und mich über mein Auto lustig machen.

Umdeuten ist eine aktive Reaktion. Ich mache etwas aus der Situation, die mir als Faktum vorgegeben ist, und die ich als Faktum nicht mehr ändern kann. Was ich aus der Situation mache, wie ich sie deute, das ist allein meine Sache. Im Glauben die Situation umdeuten, heißt nicht unbedingt, sie gleich mit frommen Worten beschreiben. Die Umdeutung im Glauben kann auch darin bestehen, daß ich Phantasie entwickle, die

Situation zu sehen und darauf zu reagieren. Dabei können durchaus biblische Deutungsmodelle unsere Phantasie beflügeln:

Eine Schwester wollte an ihrem Geburtstag die Vormittagspause besonders schön gestalten, kochte Kaffee, zündete Kerzen an und wartete auf die Mitschwestern. Aber die wußten nichts davon. Und ausgerechnet an diesem Tag kamen sie nicht, da sie von irgend etwas aufgehalten wurden. So saß die Schwester allein in ihrem Büro und wartete vergebens. Schon tauchten Gedanken der Enttäuschung und der Traurigkeit in ihr auf. Ausgerechnet heute lassen sie mich allein. Da kam ihr ein Geistesblitz. Sie griff zum Telefon und rief die Pförtnerin an: »Die geladenen Gäste wollten nicht kommen, es ist noch Platz, ob sie nicht kommen wolle.« Die Pförtnerin meinte, sie verstünde zwar gar nichts, aber sie komme trotzdem. Im Büro erklärte es ihr die Schwester. Draußen waren zufällig die Putzfrauen gerade am Werk. Auch die lud sie ein. Und sie hatten viel Spaß miteinander. Es wurde eine schöne Kaffeepause, ein echtes Geburtstagsgeschenk.

Das biblische Gleichnis vom königlichen Gastmahl war für die Schwester ein Modell, ihre Situation umzudeuten. Auf einmal konnte sie aktiv und mit viel Phantasie auf ihr Alleingelassenwerden reagieren. Sie machte der Pförtnerin und den Putzfrauen und nicht zuletzt sich selbst viel Freude. Hätte sie sich in ihre traurigen Gedanken vergraben, wäre ihr der Geburtstag verdorben worden. Die Umdeutung hat sie ihn in einem neuen Licht erleben lassen. Der Einfall kam ihr blitzartig. Es war eine typische Lösung zweiter Ordnung.

Es gibt Menschen, die alles sehr triste sehen, ihre Arbeit, ihre Familie, die Situation in der Firma, die Gesellschaft, die Politik. Sie können meist zahlreiche Fakten aufzählen, die ihre negative Sicht bestätigen. Aber die gleichen Fakten kann ich auch anders sehen und dann anders darauf reagieren. Auch in unserer Klostergemeinschaft ist vieles nicht in Ordnung. Wir sind keine ideale Gemeinschaft, sondern eben eine Gemeinschaft von Menschen mit Fehlern und Schwächen. Aber ich kann meine Energie damit verschwenden, darüber zu jammern, in welch desolatem Zustand die Gemeinschaft ist und daß sich da sowieso nichts mehr machen läßt. Ich kann die Situation aber auch vom Glauben her sehen. Dann glaube ich, daß Gott diese Gemeinschaft immer noch begleitet, daß er sie trägt mit all ihren Schwächen und daß er sie in seinem Geist erneuern kann. Wenn ich die Situation so sehe, dann lasse ich mich nicht hängen und höre auf, um mich herum eine negative Stimmung zu verbreiten.

Ich sehe es als Herausforderung von Gott her, erst einmal mich selbst von seinem Geist durchdringen zu lassen. Denn was ich an der Gemeinschaft an Negativem sehe, das ist ja auch in mir. Das muß erst einmal in mir verwandelt werden. Und ich sehe es als Herausforderung, mich für die Erneuerung der Gemeinschaft einzusetzen, nicht in einem blinden Reformeifer, sondern aus der Hoffnung heraus, daß Gott auch mit dieser Gemeinschaft große Dinge tun kann.

Der Glaube deutet den Zustand einer Gemeinschaft um und läßt mich angemessen darauf reagieren. Der Glaube sieht von Gott her neue Möglichkeiten, aber er ist keine utopische Lösung. Leider ist der utopische Lösungsversuch jedoch in gläubigen Kreisen sehr oft anzutreffen. Viele, die in eine Klostergemeinschaft eintreten, meinen, Menschen, die sich allein Gott zur Verfügung stellen, müßten doch eigentlich eine ideale Gemeinschaft bilden. Und dann werden sie sehr schnell enttäuscht, wenn sie spüren, daß es eben auch nur Menschen sind, die ihre Fehler und Schwächen haben.

Viele leiden ein Leben lang an der Unvollkommenheit ihrer Gemeinschaft. Sie merken gar nicht, daß das Problem nicht die Gemeinschaft ist, sondern ihr falscher Lösungsversuch, ihre utopische Vorstellung einer idealen Gemeinschaft. Auch in einer unvollkommenen Gemeinschaft läßt sich ganz gut leben. Ich brauche nur den nötigen Humor, die Gelassenheit und die Demut, in der ich mich nicht über die anderen erhebe, weil ich darum weiß, daß ich selbst nicht vollkommen bin. Aber wenn ich an der utopischen Vorstellung festhalte, dann leide ich entweder ständig an ihrer Unvollkommenheit oder ich greife zu Lösungsversuchen, die unter der Flagge der christlichen Liebe und des klösterlichen Geistes mit Gewalt eine Verbesserung durchsetzen wollen und dabei nur das Gegenteil erreichen.

Was für eine klösterliche Gemeinschaft gilt, ist auch für die Gemeinschaft einer Ehe gültig. Auch da gehen häufig Ehen in die Brüche, weil man sie mit zu idealen Vorstellungen befrachtet. Man erwartet vom Partner immer Verständnis, immer gute Laune. Er soll mir Halt und Geborgenheit schenken. Er soll sensibel reagieren, wenn es mir nicht gutgeht. Wir sind oft so fixiert auf unsere hohen Erwartungen an den anderen und an unser Miteinander, daß wir das, was uns das gemeinsame Leben bietet, gar nicht mehr genießen können.

So gut all die Ehe-Ideale sind, wenn man sie sich gegenseitig an den Kopf wirft, überfordert man sich und den anderen. Dann sind nicht die Ehepartner das Problem, sondern ihre utopischen Ehevorstellungen. Je mehr sie sich anstrengen, ihr Ideal zu erreichen, desto schwieriger wird ihr Zusammenleben. Weil sie den Himmel zu zweit erleben wollen, wird ihr Miteinander allmählich zur Hölle.

Wir sollen uns nicht mit utopischen Vorstellungen überfordern oder in Resignation verfallen. Vielmehr sollten wir in Demut annehmen, daß wir Menschen sind, daß wir auch ganz egoistische Wünsche haben, daß in uns Gedanken auftauchen, die nicht unseren Idealvorstellungen entsprechen. Wir müssen die Fakten annehmen, wie sie sind. Dann können wir sie umdeuten. Dann entdecken wir, daß wir trotz unserer Reibereien aneinander hängen, daß in unserer Gefühlskälte doch noch die Sehnsucht nach lebendiger Liebe ist und daß in uns die Quelle göttlicher Liebe ist, die unsere endliche und beschränkte Liebe immer wieder neu beleben kann.

Utopische Lösungen erschweren nicht nur das Leben in Gemeinschaft, sondern auch unser persönliches Leben, unser Leben mit Gott. Auch da meinen viele, sie müßten Gott immer spüren und in Gemeinschaft mit ihm sein, sie müßten permanent fromme und heilige Gefühle haben und vom Heiligen Geist erfüllt sein. Man überfordert sich selbst mit seinen idealen Vorstellungen. Das Ergebnis ist oft genug Enttäuschung, Depression, Aufgeben des Glaubens und jeder religiösen Praxis. Man kann sich nicht verzeihen, daß man nicht so ideal ist, wie man sich das vorstellt. Daher fällt man ins Gegenteil.

Manche versuchen, an ihren Illusionen festzuhalten, indem sie alles Negative an sich einfach übersehen, indem sie als schreckliche Vereinfacher ihren Schatten nicht sehen wollen, indem sie die Augen vor ihren Zweifeln und ihrem latenten Unglauben verschließen. Oder aber, indem sie ihr Leben in zu rosigen Farben schildern. Dann muß alles außerordentlich sein. Die Exerzitien, die man gemacht hat, waren das Erlebnis schlechthin. In der stillen Zeit hat man ein umwerfendes Gotteserlebnis gehabt. Und man liebe Gott ja so, daß es gar keine Probleme gebe. Das Gebet löse alles von allein. Alle sei ja so schön.

Der Glaube braucht solche Schönfärberei nicht. Er deutet die Fakten um. Wenn ich meine Leere als Wüste umdeute, in die Gott mich führt, kann ich darin sehr wohl Gott intensiv erfahren und erleben. Aber ich brauche meine innere Leere, meine Trockenheit und Gottesferne nicht zu verdrängen. Der Glaube verdrängt nicht. Er läßt alles zu, aber er deutet es um. Mitten in meiner Leere und Wüste entspringt auch eine Quelle, mitten in meiner Dunkelheit leuchtet auch ein Licht.

»Ich kann nicht mehr beten, ich kann nicht glauben.« Das sind zwei Klagen, die ich immer wieder höre. Auch da sind oft utopische Vorstellungen daran schuld. Wer meint, beim Beten müsse er Gott erfahren, müsse er seine Probleme vor Gott aussprechen können und dann Gottes Antwort vernehmen, der gewinnt schnell die Überzeugung, er könne gar nicht beten, weil sich seine Erwartungen eben nicht erfüllen. Doch zunächst sollte man erst einmal die Voraussetzungen in Frage stellen. Ist es denn überhaupt notwendig, daß mir die Worte so spontan oder so gewählt über die Lippen kommen und daß ich gleich eine Antwort Gottes höre oder wenigstens seine Nähe spüre?

Wenn mir die Worte fehlen, kann ich meine Situation einfach vor Gott hinhalten. Und wenn ich nicht gleich Wunder erwarte, werde ich dadurch auch ruhiger werden. Ich sage mir dann bewußt vor: Gott ist jetzt da, er schaut mich an, er trägt mich, auch wenn ich das noch nicht so spüre. Ich deute mein hilfloses Dasitzen um in ein Sitzen vor Gott, ein »Ausruhendürfen« vor ihm. Ich brauche gar nichts zu spüren. Vor Gott zu sitzen genügt. Wenn ich meinen Versuch zu beten so deute, dann schaffe ich die Voraussetzung, tatsächlich etwas von der Nähe Gottes zu spüren und in ihm zur Ruhe zu kommen und Frieden zu finden. Die Umdeutung meines Betens ermöglicht mir dann echtes Gebet, während mich utopische Gebetsvorstellungen am Beten hindern.

Viele klagen, sie hätten schon soviel gebetet und noch immer sei es nicht besser geworden. Sie kämen immer noch nicht mit ihrer Empfindlichkeit oder ihrer Eifersucht zurecht. Sie hätten immer noch Angst, würden in bestimmten Situationen wieder unsicher wirken, rot werden oder schwitzen. Alles Beten und positive Denken, alles Einreden würde da nichts nützen. Und je mehr sie beten, desto schlimmer würde es mit ihnen.

Hier hilft oft auch nicht ein »Mehr desselben«. Das Umdeuten wäre weit besser. Ich brauche meine Angst ja gar nicht wegzubeten. Ich darf sie ja haben. Aber in meiner Angst kann ich mir zugleich vorstellen, daß Gott bei mir ist. Das vertreibt die Angst noch nicht, aber es relativiert sie. Ich kann damit leben. Ich brauche ja gar nicht überall sicher zu wirken. Es tut mir vielleicht gut, wenn die anderen auch meine Unsicherheit sehen. Das schafft Verbindung, das macht sympathisch, es läßt mich menschlicher erscheinen.

Ebenso ist es mit der Empfindlichkeit. Ich darf auch empfindlich sein. Ich muß meine Empfindlichkeit gar nicht mit aller Gewalt loswerden. Ich kann sie auch umdeuten. Sie weist mich auf die Punkte hin, in denen ich mich immer noch nicht annehmen kann. Sie zwingt mich daher immer wieder, ehrlich in mich hineinzuhorchen und mich mit mir auszusöhnen.

Wir meinen ja oft, wir hätten uns längst angenommen. Unsere empfindlichen Reaktionen sind ehrlicher, als wir uns das eingestehen. Wenn ich meine Empfindlichkeit so umdeute und wenn ich darin erkenne, was Gott mir über mich sagen will, dann wird sie nicht einfach von mir abfallen, aber ich leide nicht mehr darunter. Ich kann damit leben. Ich söhne mich auch mit meiner Empfindlichkeit aus. Und das relativiert sie. Auf einmal wird sie dann doch abnehmen. Weil ich nicht mehr darauf fixiert bin, sie loszuwerden, ist sie nicht mehr mein Hauptproblem. Ich nehme sie an als das, was Gott mir zumutet. So wird sie ein Teil von mir und stört mich nicht mehr.

Vielleicht kann ich Gott dafür sogar danken, weil er mich so zwingt, weiter an mir zu arbeiten, lebendig zu bleiben, mich nicht über die anderen zu erheben, nicht maßlos zu werden. Meine Empfindlichkeit und Unsicherheit geben mir ja meine Grenze an, innerhalb derer ich leben sollte. Sie sind auch ein Stück Schutz für mich, damit ich nicht vom Boden abhebe und mir zuviel zumute. Die Umdeutung meiner Empfindlichkeit und meiner Unsicherheit schenkt mir so Frieden und Ruhe mitten in meinen Ängsten und verletzten Gefühlen. Ich gebe es auf, vergebens und immer wieder frustriert der utopischen Vorstellung nachzujagen, einmal völlig ohne Angst und Empfindlichkeit, ohne Unsicherheit und Eifersucht zu sein. Die Umdeutung ist weniger anstrengend, sie läßt mich gelassen damit leben.

Die Klage »Ich kann nicht glauben« soll man nicht mit billigen Argumenten abtun, daß doch der Glaube sinnvoll sei und daß die Bibel doch in allem recht habe. Zunächst stellt sich die Frage, was das konkret bedeutet, wo und was und warum ich nicht glauben kann. Oft geht es nicht um den Glauben an die Offenbarung Gottes, sondern um den Glauben, daß Gott mich liebt, mir hilft und mich gut führt. Und dann stößt man sehr schnell auf Erfahrungen von Enttäuschung und Hoffnungslosigkeit, von Resignation und Verzweiflung, von Einsamkeit und Abgelehnt-werden. Es hat dann keinen Zweck, sich auf theoretische Argumente einzulassen oder dem anderen einreden zu wollen, daß er einfach zu glauben habe, daß Gott ihn schon führt.

Die Aufforderung, einfach zu glauben, ist eine typische Paradoxie. Man kann einen ebensowenig zum Glauben auffordern wie zum Spontansein. Aber man kann zusammen mit ihm versuchen, seine Situation anders zu deuten. Entweder ich erzähle, wie ich in meinem Leben ähnliche Erfahrungen gedeutet habe. Vielleicht findet er sich in meinem Deutungsmodell wieder. Oder ich kann ihm aufzeigen, daß er seine Situation nur von einer Seite aus sieht. Er könne doch versuchen, die Sache auch einmal von einer anderen Seite aus zu sehen. Zumindest könne er sich fragen: Muß ich das notwendigerweise so sehen oder könnte ich das nicht auch anders verstehen?

Muß ich das Nichtbestehen meiner Prüfung denn unbedingt als Versagen oder als von Gott

Verlassensein interpretieren? Könnte ich darin nicht auch eine Herausforderung sehen? Ich kann dem anderen diese Deutung nicht aufzwingen. Aber wenn er sieht, daß ein anderes Deutungsmodell zumindest möglich ist, ist schon viel gewonnen.

Man kann jede Situation von verschiedenen Seiten aus betrachten. Wenn Tom das Streichen des Zaunes von seinem Ärger aus betrachtet hätte, so wäre ihm die Arbeit schwer gefallen und durch den Spott der Freunde hätte sich der Groll in ihm noch mehr verfestigt. So aber hat er die Situation umgedeutet und damit auch verändert. Der Nachmittag ist durch seine Umdeutung anders abgelaufen. Die Frage ist, welche Deutung der Wirklichkeit eher gerecht wird. In diesem Beispiel geht es nicht um die Frage, was denn wahr sei. Die Tatsache des Zaunstreichens bleibt die gleiche. Es geht nur darum, wie ich dieses Faktum sehe und wie ich damit umgehe. Und das liegt größtenteils in meiner Entscheidung. Ich muß mich entscheiden, wie ich mich zu den Fakten einstelle, wie ich die Situation deute. Und durch die Deutung beeinflusse ich nicht nur meine Stimmung, sondern auch den Ablauf der Ereignisse.

Wie ich meinen Tag mit seinen Herausforderungen ansehe, das ist meine Entscheidung. Ich kann deuten, daß mich alles, was auf mich zukommt, überfordert, daß ich keine Lust dazu habe, daß alles so sinnlos sei, daß mich ja sowieso keiner beachtet und so weiter. So gesehen wird mir die Arbeit wirklich zur Last werden. Ich werde mich überfordert fühlen. Ich werde schnell müde. Der Körper wird gestreßt, verspannt. Und ein Arzt wird von den körperlichen Symptomen her Überforderung feststellen.

Aber es lag nicht an den Fakten, sondern an meiner Deutung der Fakten, an meiner Einstellung. Wenn ich meinen Tag als Herausforderung von Gott her sehe, als das, was mir Gott zutraut, worin er mich aber auch begleitet, als Chance, eine gute Atmosphäre um mich her zu verbreiten, anderen in meiner Arbeit zu helfen, mich darauf zu freuen, mich auf etwas einzulassen, dann werde ich nicht nur mit einer positiven Stimmung arbeiten, sondern die Arbeit wird mich auch nicht so leicht ermüden. Ich werde mit Phantasie an meine Arbeit herangehen und kreativ mit ihr umgehen können. Ich werde auch an einer eintönigen Arbeit immer wieder neue Möglichkeiten entdecken und Neues schaffen können.

Wir können jedoch nicht alle Situationen so leicht umdeuten. Einsamkeit, Krankheit, Verzweiflung, Tod – das sind Fakten, die sich nicht beliebig zurechtbiegen lassen. Hier müssen wir uns von Gott her ein Wort sagen lassen, das uns die Situation umdeutet. Die Umdeutung liegt nicht in unserem Belieben, sie muß uns von Gott her geschenkt werden.

In der Bibel hat Gott uns viele Modelle des Umdeutens geschenkt, die für viele Situationen unseres Lebens passen. Die Bibel beschreibt jeweils eine Situation, in der wir uns selbst wiederfinden können und die wir oft genug als ausweglos erfahren. Und dann deutet sie diese Situation in einer oft überraschenden Weise um.

Die Geschichte vom Traum der Himmelsleiter (Genesis 28,10–22) deutet zum Beispiel die Steine, die uns im Wege liegen und über die wir normalerweise stolpern, um in den Ort, an dem Gott selbst in unser Leben einbricht, an dem eine Leiter Himmel und Erde verbindet, an dem Gott uns nahe ist und uns segnen möchte. Der Kampf Jakobs mit dem dunklen Mann, der sich dann als Gott selbst herausstellt, deutet unsere Krisen um, in denen wir nicht mehr ein noch aus wissen. (Genesis 32,23–33) Wir haben den Eindruck, alles habe sich gegen uns verschworen, wir kommen nicht an gegen das Schicksal, wir begegnen unseren Abgründen, die Dunkelheit droht uns zu verschlingen. Da deutet uns die Bibel diese Situation als Begegnung mit Gott. Dort, wo wir absolut nichts von Gott spüren, wo einer uns nach dem Leben trachtet, da könnte uns Gott berühren und segnen. Und wir werden gestärkt, wenn auch gezeichnet, aus diesem Kampf herausgehen.

Ein Mann, der in seinem Beruf gescheitert war, weil er einen gravierenden Fehler begangen hatte, war nahe am Suizid. Er machte sich Vorwürfe, daß er alles zunichte gemacht habe. Die Geschichte vom Jakobskampf öffnete ihm die Augen, daß er darin die Begegnung mit seinem eigenen Schatten sah. Das gab ihm wieder Hoffnung. Er spürte, daß sein Scheitern die Begegnung mit dem dunklen Mann in sich war und daß gerade darin die Chance zu einem neuen Anfang lag.

Die Elijageschichte (1 Könige 19) schildert uns zunächst eine typische Fehllösung. Elija meint, mit Gewalt das Negative ausrotten zu können. Er vernichtet alle Baalspriester, die Repräsentanten des Fruchtbarkeitsgottes, den Ehrgeiz, die Suche nach Erfolg und Anerkennung, die Anbetung des Geldes und Genusses. Aber die Feinde der Seele, die Schattenkräfte lassen sich nicht mit Stumpf und Stiel ausreißen. Sie tauchen wieder auf in der Königin Isebel, die ihm nach dem Leben trachtet. Und nun resigniert Elija: »Ich bin auch nicht besser als meine Väter.« Er spürt, daß in ihm auch nicht alles Gottes Geist ist. Aber das kann er nicht annehmen. Er hält an seinem Bild des reinen Eiferers für Jahwe fest. Und so legt er sich hin und möchte sterben. Da kommt der Engel des Herrn und weckt ihn dreimal auf. »Steh auf und iß!« Und in der Kraft dieser Speise geht Elija 40 Tage durch die Wüste zum Gottesberg Horeb.

Die Geschichte deutet unsere Erfahrung um, daß wir trotz unserer idealistischen Gedanken das Dunkle und Böse, die Gier und das Triebhafte in uns nicht ausrotten können. Statt zu resignieren oder uns noch mehr in fanatischen Eifer zu stürzen, sollen wir auf die Kraft schauen, die Gott uns gibt. Wir brauchen die Baale in uns gar nicht auszurotten. In der Kraft, die Gott uns gibt, in dem Wort eines Engels, eines Menschen, der uns anspricht, in der Speise, die er uns in der Eucharistie reicht, da können wir getrost gehen. Da durchqueren wir alle Wüsten, da gelangen wir allen Feinden unserer Seele zum Trotz doch zum Berg, an dem wir Gott im Säuseln des Windes erfahren.

Die biblischen Geschichten deuten uns die Erfahrungen, die wir im Leben machen. Die richtige Deutung befähigt uns auch, mit den Erfahrungen unseres Lebens richtig umzugehen. Wer nicht deuten kann, was ihm widerfährt, wer etwa eine Krise nicht verstehen kann, in die er gerät, der reagiert häufig kopflos. Die Krise läßt dann sein bisheriges Lebensgebäude zusammenbrechen. Er meint, vor den Trümmern seines Lebens zu stehen. In Wirklichkeit könnte die Krise gerade zu einer Begegnung mit Gott und zu einem Neuanfang werden. Von uns aus können wir aber nicht erkennen, was uns eine Krise sagen will. Wir brauchen ein Wort von außen, wir brauchen eine Geschichte, die uns unsere Situation umdeutet und uns so einen Weg weist, wie wir mit uns selbst weiterkommen, wie wir in allem Durcheinander doch zu Gott finden können.

Die umfassendste Umdeutung der Wirklichkeit begegnet uns im Leben und in der Botschaft Jesu. In seinen Worten deutet uns Jesus unser Leben um. Er läßt uns alles auf einmal in einem neuen Licht sehen. Er preist die Armen selig, den Hungernden verheißt er das Himmelreich. Die allzu Frommen verstehen ihn nicht, die Sünder kehren durch die Begegnung mit ihm um. Die Umdeutung beginnt schon bei seiner Geburt. Die Hirten als die Außenseiter der Gesellschaft erkennen ihn, die Bürger weisen ihn ab, der König trachtet ihm nach dem Leben. In den Krankenheilungen deutet

Jesus nicht nur um, er wandelt die Menschen auch um. Er macht die Blinden sehend, die Lahmen gehend, Aussätzige werden rein, Taube hören, Stumme reden.

Die Heilungsgeschichten geben uns die Möglichkeit, nun unsere Krankheiten umzudeuten. In unserer Blindheit sehen wir schon, in unseren Lähmungen können wir schon aus uns herausgehen, in unserer Stummheit schon reden. In der Begegnung mit Christus entdecken wir mitten in unseren Krankheiten und Begrenzungen neue Möglichkeiten von Leben und Heil. Jesus sagt dem Kranken: »Dein Glaube hat dir geholfen.« Bevor er den Kranken heilt, hilft ihm schon sein Glaube, der ihm sein Leben mit seiner Beschädigung in einem neuen Licht sehen läßt. Weil er im Glauben seine Krankheit schon anders sieht, kann Jesus ihn auch tatsächlich heilen. Weil er sich mitten in seiner Krankheit von Gott getragen und bei ihm geborgen weiß, kann sie nun auch äußerlich abfallen.

Aber die Umdeutung beseitigt nicht jede Krankheit, und vor allem nicht den Tod. Jesus hebt weder Krankheit noch Tod auf. Im Gegenteil, er selbst unterwirft sich dem Tod, einem schmählichen Tod am Kreuz. Einsam, von den Menschen verachtet, unverstanden, gescheitert stirbt er am Kreuz, den Blicken der Neugierigen ausgesetzt. Aber gerade sein Tod ist die radikalste Umdeutung unseres Lebens. Die Evangelisten schildern uns seinen Tod ohne jede Beschönigung, weil sie wissen, daß es nur der Durchgang zur Auferstehung ist. Wenn dieser Jesus, der so verlassen am Kreuz stirbt, von Gott auferweckt wird, dann gibt es für uns keinen Tod mehr, der nicht auch schon aufgehoben wäre und in der Auferstehung umgewandelt würde. Es gibt keine Einsamkeit, keine Verzweiflung, kein Scheitern, das Gott selbst nicht durchlitten und umgewandelt hat. So definieren Tod und Auferstehung Jesu die Wirklichkeit unseres Lebens von Grund auf um. Deshalb feiern wir Tag für Tag die Eucharistie, um unser Leben und Sterben immer wieder in einem neuen Licht zu sehen und es im Glauben umzudeuten.

Wer unheilbar krank im Bett liegt, dem helfen keine Versprechungen, daß Gott ihn schon zu heilen vermöge. Oft verhindern diese utopischen Lösungsversuche, daß er seine Krankheit von Gott her annimmt. Es ist menschlicher, die Krankheit anzunehmen und umzudeuten. Was will Gott mir durch diese Krankheit sagen? Was sollte ich durch diese Krankheit lernen? Wie kann ich mitten in dieser Krankheit Gott erfahren? Was hat mein Leben für einen Sinn, wenn es nun so schmerzlich zu Ende geht?

Es gibt verschiedene Deutungsversuche für die Krankheit. So könnte ich meine Krankheit als inneren Läuterungsweg deuten. Ich gelange durch die Krankheit in die Tiefe, in den innersten Raum der Stille. Meine Mutter hat ihre langjährige Krankheit anders gedeutet. Sie hat sie als das Kreuz gesehen, das jeden trifft. Und sie hat ihre Krankheit für ihre Kinder aufgeopfert. Viele tun sich mit diesem Gedanken heute schwer. Doch für meine

Mutter war es ein konkreter Weg, in ihrer Krankheit einen Wert zu sehen, anstatt nur darüber zu jammern, daß es ihr so schlecht geht. Wenn sie ständig über ihre Krankheit geklagt hätte, hätte sie sich selbst und den Kindern das Leben schwer gemacht. Dahinter hätte dann die Deutung gestanden, daß Krankheit und Leid eigentlich unzumutbar sind.

Jesu Tod und Auferstehung war nicht nur für meine Mutter ein heilsames Deutungsmodell, mit ihrer Krankheit gelassen und fröhlich umzugehen. Es ist für viele, die an ihrem Leben schwer tragen, ein Weg, sich selbst nicht aufzugeben, sondern die Gemeinschaft mit Christus zu erfahren. Das stärkt sie und gibt ihrem Leiden einen Sinn. Ohne Sinn kann man die Krankheit nicht aushalten.

Die Auferstehung Jesu deutet unseren Tod um. Der Tod ist nicht mehr das hoffnungslose Ende, sondern Durchgang zum Leben. Im Tod werden wir von dem neuen Leben der Auferstehung erfaßt. Die Umdeutung unseres Todes durch Jesu Auferstehung bewahrt uns davor, den Tod zu verdrängen, ihn als Problem einfach zu ignorieren. Und sie verbietet uns auch den utopischen Lösungsweg, der uns ewige Jugend verheißt, wenn wir uns nur genügend trimmen und uns den angepriesenen Verjüngungskuren unterziehen. Die Umdeutung nimmt uns die Angst vor dem Tod. Sie läßt uns mitten im Leben den Tod bejahen. Der Tod rückt unsere Maßstäbe zurecht. Er zeigt uns, worauf es wirklich ankommt. Wir können nichts mitnehmen, weder unseren Erfolg noch unseren Besitz noch die Menschen, die wir lieben. Wir können uns nur Gott ergeben, unsere leeren Hände ausstrecken und uns in seine liebenden Arme fallenlassen. Im Angesicht des Todes können wir gelassen leben, im richtigen Abstand zu den Dingen. Unsere Arbeit, unser Besitz, die Menschen um uns herum, alles relativiert sich und erhält sein richtiges Maß.

Mit dem Tod leben heißt auch, bewußt leben, ganz in der Gegenwart, im Augenblick leben, spüren, was Leben ist: unverdientes Geschenk Gottes an uns, das wir ihm zurückzugeben haben. Wenn wir den Tod bewußt annehmen, dann können wir ohne Angst leben und verstehen etwas vom Geheimnis unseres Lebens, daß Gottes Kraft in unserer Schwäche zur Vollendung kommt. Dieses Gesetz der Gnade gilt nicht vom Tod allein, sondern von jedem Augenblick unseres Lebens. Es kommt nicht auf unsere Leistung an, sondern darauf, daß wir uns Gott zur Verfügung stellen, damit seine Kraft in und durch unsere Schwäche wirken kann.

Die Welt neu sehen

Glauben heißt, die Deutung des Lebens und der Welt durch Jesus zu übernehmen. Das bedeutet, die Welt mit guten Augen ansehen, sie gutheißen, sie annehmen als Welt des guten Gottes. Die Welt wird dann nicht als das Fremde und Bedrohliche erfahren, sondern als Schöpfung Gottes. Sie wird durchlässig für Gott. Sie spiegelt Gottes Herrlich-

39

keit wider. Diese neue Sicht läßt mich anders mit der Natur umgehen und gibt mir ein anderes Gefühl. Es ist keine Naturschwärmerei, sondern eine Sicht, die in der Natur Gottes Geist am Werk sieht.

Wenn ich mit diesem Blick durch die Natur gehe, so erscheint sie mir in einer ganz neuen Dimension. Sie wird mir anvertraut. Ich fühle mich eins mit ihr. Sie ist Werk Gottes, meines Schöpfers. Gott hat mich aus dem gleichen Stoff gemacht wie sie. Das Leben, das ich in ihr spüre, ist auch mein Leben. Es ist Gottes Leben.

Und dann wird alles durchlässig für Gott. Die Blume spiegelt Gottes Schönheit wider. Die Sonne läßt mich seine Wärme und Liebe spüren. Im Wind durchweht mich Gottes Geist, er rüttelt mich durch im Sturm, er reinigt mich zärtlich im Säuseln. Ich brauche den Dingen nur auf den Grund zu gehen, mich ganz in die Dinge hineinzuspüren, dann entdecke ich auf ihrem Grund Gott. Diese neue Sicht der Natur läßt mich nie zu Ende kommen mit ihr. Das Geheimnis Gottes wohnt in der Schöpfung. Und so wird die Schöpfung für mich nie langweilig. Ich spüre in ihr immer wieder etwas von dem unendlichen Geheimnis Gottes. Und diese Sicht führt auch zu einem neuen Erleben meiner selbst. Ich fühle das Leben Gottes, das sich in der Natur um mich herum so mannigfaltig regt, auch in mir. Wenn ich mich lebendig fühle, dann brauche ich mir den Kopf nicht zu zerbrechen, was denn jetzt der Sinn meines Lebens sei. Dann ist mein Leben sinnvoll. Es hat in sich selbst einen Sinn.

Für die christliche Mystik ist diese Sicht der Natur charakteristisch. Die Erleuchtung und Erfahrung Gottes bleiben in der Mystik nicht weltlos, sondern beziehen auch die Welt mit ein. Für viele Mystiker ist das grundlegende Daseinsgefühl das der Einheit. Sie fühlen sich eins mit Gott, aber auch eins mit der Natur um sie herum. Das ist kein Pantheismus, eine Weltanschauung, nach der Gott und Welt eins sind, sondern die Erfahrung, daß Gottes Geist die ganze Schöpfung durchdringt. Und von Gott her kann der Mensch dann die Schöpfung erst in ihrer eigentlichen Wahrheit und Wirklichkeit erkennen.[5]

Die neue Sicht der Welt im Glauben bezieht sich jedoch nicht bloß auf die Natur, sondern auch auf die Welt der Politik. Heute ist ja weithin eine pessimistische Sicht der Weltsituation verbreitet. Viele haben Angst vor Terroranschlägen. Lebensmittelskandale haben die Menschen verunsichert. Horrormeldungen über die Klimaveränderungen schüren die Angst, daß die Umweltzerstörung unsere Welt bald immer mehr zugrunderichten wird. Ein realistischer Blick in die Weltpolitik läßt diese Sicht durchaus als gerechtfertigt erscheinen. Wir haben keine Garantie, daß wir vor Terroranschlägen und Umweltkatastrophen bewahrt bleiben.

Wenn ich versuche, die Situation vom Glauben her zu sehen, so darf ich an den Fakten nicht vorbeisehen. Aber es kommt darauf an, wie ich die Fakten deute. Es gibt Menschen, die nur noch auf die Katastrophe fixiert sind, die wie ein

Kaninchen vor Schreck auf die Schlange starren und letztlich unfähig geworden sind, aktiv darauf zu reagieren. Oder sie reagieren mit Wut und Gewalt, weil sie ihre Ohnmacht nicht aushalten können. Die Wut ist verständlich. Denn wenn ich denke, daß alles von mir abhängt, von meinen Aktionen und Demonstrationen, dann muß ich mit ohnmächtiger Wut reagieren, weil sich eben so wenig tut. Im Glauben sehe ich, daß Gott trotz allem der Herr dieser Welt ist, daß diese Welt nicht in den Händen der Regierenden ist, sondern in Gottes Händen. Das gibt mir die Hoffnung, daß Gott trotz aller menschlichen Mißerfolge alles zum Besten lenken kann. Der Glaube gibt mir einen langen Atem. Das Geschick der Welt hängt nicht vom Erfolg oder Mißerfolg meines Tuns ab.

Allerdings ist der Glaube nicht so naiv zu meinen, alles werde sowieso gut. Es könne ja keinen Krieg geben, weil Gott uns doch liebe. Gegen eine solche Sicht der Dinge sprechen einfach die Fakten. Es hat immer wieder Krieg gegeben. Und wir haben keine Garantie, daß es nicht wieder dazu kommen wird. Aber der Glaube gibt mir die Hoffnung, daß Gott durch das Gebet doch in den Menschen allmählich einen Prozeß des Umdenkens in Gang setzt, daß sich die Gedanken des Friedens in den Gehirnen der Politiker mehr und mehr durchsetzen, und daß sich der Haß in den Herzen der Terroristen wandelt. Und der Glaube gibt mir die Gewißheit, daß diese Welt zwar vergehen wird, daß sie auch durch eine Katastrophe hindurchgehen kann, daß die Menschen diese Welt

aber nicht daran hindern können, in Gott hinein-
zufallen. Die Welt wird wie wir selbst durch den
Tod hindurch zu Gott kommen. Die apokalypti-
schen Bilder der Bibel schildern uns die Zustände
in der Endzeit nicht gerade optimistisch. Aber das
Ziel der endzeitlichen Bedrängnisse ist die Errich-
tung der Gottesherrschaft. Am Ende wird Gott
über die Welt herrschen, und alles wird in Gott
sein.

Das ist keine Vertröstung auf das Jenseits, als
ob wir hier nichts zu tun bräuchten und den Dingen ihren Laufe lassen müßten. Aber dieser Blick
auf das Ende relativiert all unser Tun. Er befreit
uns von dem übertriebenen Druck, als ob alles
von uns abhinge. Er bewahrt uns vor der ohn-
mächtigen Wut, in die uns die Enttäuschung über
unsere Wirkungslosigkeit unwillkürlich führen
würde. Die Umdeutung unserer Welt im Glauben
läßt uns realistischere Lösungen für die Probleme
unserer Zeit suchen als die utopischen Vorstellungen, von denen sich heute viele Weltverbesserer
leiten lassen. Wer meint, eine endgültige und allumfassende Lösung gefunden zu haben, der versucht, diese Lösung auch durchzusetzen, gegebe-
nenfalls mit Gewalt. Watzlawick beschreibt den
von utopischen Vorstellungen bestimmten Menschen so:

*»Er wähnt sich im Besitz der Wahrheit und
damit nicht nur des Schlüssels, sondern auch der
moralischen Verpflichtung zur Beseitigung alles
Übels in der Welt. In der Annahme, daß die Wahrheit, wenn sie nur klar und laut genug verkündet*

wird, alle Menschen guten Willens überzeugen
muß, wird er zunächst missionarische Wege be-
schreiten. Führt dies aber nicht zum erwarteten
Erfolg, so liegt die Schuld bei denen, die verstockt
sind und sich der Wahrheit gegenüber verschlie-
ßen. Denn daß seine Wahrheit die Wahrheit
schlechthin ist, daran hat der utopische Weltver-
besserer keinerlei Zweifel. Damit aber steht der
Verteufelung der anderen nichts mehr im Wege,
und daß in Extremfällen ihre Ausrottung nicht
nur wünschenswert, sondern zur Beglückung der
Menschheit einfach notwendig ist, ergibt sich dann
fast zwanglos.« (73)

Die Umdeutung der Welt rechtfertigt nicht die
bestehenden Verhältnisse, aber sie erkennt die Fakten an. Sie traut den Verheißungen Gottes. Sie
träumt die Träume mit, die Gott mit uns und unserer Welt hat. Aber sie weiß auch, daß das Reich
Gottes als Ziel unserer Welt keine rein diesseitige
Größe ist. Der Glaube arbeitet an einer gerechten
und friedlichen Welt mit, aber er verfällt nicht der
utopischen Vorstellung als ob Gerechtigkeit und
Frieden nur von Verstand und Willen her zu erreichen wären. Weil die Erlösung von Gott her kommt,
und weil sie durch das Kreuz kommt, hat der Glau-
bende keine Angst vor Rückschlägen. Weil er Gott
etwas zutraut, verausgabt er sich nicht mit dem
Aufspüren aller negativen Fakten und mit dem Jammern über unsere schlechte Welt, sondern er hat
noch Energie frei, die nötigen Schritte zu tun, um
an einer positiven Veränderung unserer Welt mit-
zuarbeiten, die realistisch und wirklichkeitsgerecht

und daher heilbringend ist, während alle utopischen Änderungsversuche immer neue Probleme schaffen und schließlich selbst zum Problem werden.

Den Nächsten neu sehen

Keiner von uns sieht den Mitmenschen objektiv. Zumeist sehen wir ihn durch die Brille unserer negativen Projektionen. Wir projizieren unsere Fehler in ihn hinein und legen ihn darauf fest. Wir merken gar nicht, wie wir ihn dadurch einengen und wie einseitig wir ihn sehen. Glauben meint, den anderen mit guten Augen anschauen, mit Augen, die das Gute in ihm entdecken. Die Frage ist auch hier, welcher Blick dem anderen eher gerecht wird und realistischer ist.

Unsere negativen Projektionen sind nicht einfach aus der Luft gegriffen. Sie haben immer auch einen Anhaltspunkt im anderen. Insofern sind sie ein Stück weit objektiv. Aber sie sehen den anderen eben unter einem negativen Blickwinkel. Wenn wir ihn mit guten Augen anschauen, so heißt das nicht, daß wir das Negative in ihm übersehen. Wir sehen nur hindurch auf den guten Kern in ihm. Und dieser gute Kern ist in ihm auch objektiv da. Nur übersehen wir ihn oft genug. Wenn wir den Menschen also objektiv betrachten wollen, so müssen wir diesen positiven Blick des Glaubens ganz bewußt einüben.

Den anderen gut sehen meint das gleiche, was Benedikt den Glauben an Christus im Bruder[6] nennt. Mit den Augen des Glaubens entdecken wir, daß im anderen ein guter Kern ist, daß in ihm ein Geheimnis ist, das ihn übersteigt, daß in ihm ein göttlicher Kern ist, daß Christus selbst in ihm ist. Wenn wir den anderen bewußt mit diesem Glauben betrachten, dann werden wir auch Neues in ihm entdecken, dann werden wir hinter seiner rauhen Schale einen weichen und guten Kern entdecken, dann werden wir neben all seinen kaputten Seiten auch die Sehnsucht verspüren, gut zu sein, die Sehnsucht, ganz, heil, mit sich und der Welt ausgesöhnt zu sein. Außerdem ist er von Gott geschaffen, und Gott liebt ihn weiterhin und glaubt weiterhin an das Gute in ihm. Wenn wir von diesem Modell her den anderen umdeuten, dann geben wir ihm die Möglichkeit, daß er unsere Deutung übernimmt und nun selbst an das Gute in sich glaubt. Dann wird sich in ihm etwas verändern. Unsere Umdeutung bewirkt, daß er sich selbst umdeuten, sich anders erleben und neue Wege gehen kann.

Jeder Mensch lebt nicht nur einfach dahin, sondern er deutet sich ständig. Er interpretiert sein Tun, er beurteilt sich, vergleicht sich mit anderen. Und diese Deutung prägt sein Daseinsgefühl. Wenn ich mich als Versager deute, der den Vergleich mit den anderen nicht aushalten kann, dann werde ich mich entsprechend schlecht fühlen. Die Deutung, die wir uns selbst geben, hängt von unseren Erfahrungen in der Kindheit ab und von den Erfahrungen mit den Menschen, die wir Tag für Tag machen, von den Deutungen, die wir von den anderen bekommen.

Wenn wir den anderen nun positiv umdeuten, so ermöglichen wir ihm, daß er diese Umdeutung übernehmen kann. Natürlich hat es wenig Zweck, einem seine Umdeutung aufzuzwingen. Wer sich als Versager fühlt, der wird sich nicht so leicht von dieser Selbstdeutung abbringen lassen. Im Gegenteil, je mehr wir ihm einreden wollen, was er doch alles kann, desto mehr Gründe wird er suchen, doch nicht so gut zu sein wie die anderen. Ja wir werden in ihm sogar ein schlechtes Gewissen erzeugen, daß er sich trotz allem als Versager fühlt. Er wäre die typische Fehllösung von »Mehr desselben« (51ff). Aber wenn wir an unserer Sicht festhalten, ohne sie ihm aufdrängen zu wollen, sondern einfach, weil wir davon überzeugt sind, dann wird ihn diese Sicht zumindest neugierig machen. Und vielleicht versucht er, sich dann selbst so zu sehen und sich umzudeuten.

Wie wir den anderen sehen, bleibt nicht unsere Privatsache, sondern wir beeinflussen mit unserem Sehen den anderen. Das spüren wir zum Beispiel, wenn wir in der Straßenbahn fahren. Der Blick der Menschen prägt die Situation. Wenn mich einer fixiert, fühle ich mich unsicher oder unwohl. Wenn einem die Unlust aus den Augen schaut, wirkt das ansteckend. Ich merke, ob mich einer verächtlich, arrogant, musternd, herausfordernd anschaut, oder ob seine Augen mich gelten lassen, ob sie mich mögen, ob ich in seinen Augen ich selbst sein darf.

Wie wir in der Straßenbahn aus den Augen schauen, das hat auch etwas mit unserem Glauben zu tun. Ich kann nicht von mir behaupten, ich sei ein gläubiger Christ, wenn aus meinen Augen der Unglaube blickt. Mein Glaube oder Unglaube zeigt sich eben darin, wie ich die Menschen betrachte. Die Augen des Glaubens sehen die anderen gut an, glauben an das Gute in ihnen, trauen ihnen etwas zu, lassen sie sein, wollen sie nicht ändern, nicht beherrschen. Die Augen des Glaubens wekken in den anderen Leben. Sie lassen sie an ihre eigenen Möglichkeiten glauben.

II. Lieben – gut haben – umwandeln

Was ich neu sehe, mit dem kann ich auch in einer
neuen Weise umgehen. Das Deutungsmodell des
Glaubens führt zum Verhaltensmodell der Liebe.
Was ich als gut erkannt habe, das behandle ich
auch gut, das habe ich auch gern. Was mir durch
die neue Sehweise ans Herz gewachsen ist, das
werde ich behutsam und zärtlich anfassen. Der
Glaube ist das Entdecken der Lösung zweiter Ordnung durch die Umdeutung der Situation. Die Liebe ist die Durchführung dieser Lösung. Der Glaube
sieht, die Liebe handelt. Die Liebe behandelt nicht
nur gut, sie macht auch gut. Sie weckt das Gute,
das der Glaube im Umdeuten der Wirklichkeit
entdeckt hat, zum Leben. Die Liebe verwandelt
die Wirklichkeit, sie formt sie gut, sie gestaltet das
Gute in ihr aus. Der Glaube deutet um, die Liebe
wandelt um.

Über keinen Begriff ist soviel geschrieben worden wie über die Liebe. Ich möchte nicht in die
Diskussion über die verschiedenen Definitionen
der Liebe eintreten, sondern nur den Aspekt entfalten, den die Etymologie uns nahelegt: Liebe als
gut haben und gut machen. In dieser Sicht spielt
das Gefühl eine untergeordnete Rolle. Das Ent-
scheidende ist das Tun, aber kein äußerliches Tun,

das man sich als Gebot oder Pflicht von außen auferlegt, sondern ein Tun, das aus einem Sehen kommt. Die Liebe muß echt sein, nicht künstlich aufgesetzt, nicht fassadenhafte Freundlichkeit. Was die Liebe echt macht, ist aber kein überströmendes Gefühl der Sympathie oder des Verliebtseins, sondern der Glaube an das Gute im anderen. Liebe bezieht sich nicht nur auf Menschen, sondern wie schon Jesus sagt, auch auf uns selbst und auf Gott. Diese drei Aspekte wollen wir kurz betrachten.

Sich selbst lieben

Wenn ich daran glaube, daß ich von Gott als gut geschaffen worden bin, daß er mich mag, daß er mich annimmt, wie ich bin, dann muß ich auch selbst gut mit mir umgehen. Das fängt damit an, daß ich auf meine innersten Wünsche und Sehnsüchte höre und mir das gönne, was mir wirklich guttut. Das kann durchaus auch einmal ein gutes Essen und Trinken sein. Aber das wird nicht meine tiefsten Bedürfnisse befriedigen. Ich muß auf meine eigentlichen Wünsche und Sehnsüchte hören. Ich muß so tief in mich hineinhorchen, daß ich auf Gott in mir stoße und verstehe, was er von mir will.

Das ist dann das, was mir wirklich guttut, was mein ganz persönliches einmaliges Leben in mir weckt, das sich nicht nach den Erwartungen der anderen und nicht nach den Forderungen meines Über-Ichs richtet, sondern ursprünglich und echt ist. Dieses Leben soll ich mir gönnen und es zu entfalten versuchen. Eine Hilfe kann dabei sein, meinen eigenen Lebensstil zu entwickeln, einen gesunden Lebensstil, in dem ich mich wohl fühle, der mir das Gefühl gibt, daß ich selbst lebe und nicht gelebt werde, daß ich meinen Tag und mein Leben gestalte, daß ich ganz im Augenblick lebe, ganz ich selbst und ganz in dem, was ich gerade tue, und daß ich allem, was ich tue, meine Form aufpräge.

Das Gefühl, gelebt zu werden, von anderen getrieben und bestimmt zu werden, macht uns unzufrieden. Die Liebe zu uns selbst würde darin bestehen, gut mit unserer Zeit und mit ihren Herausforderungen umzugehen und das, was uns von außen vorgegeben ist, zu unserem Eigenen zu verwandeln. Wenn wir den Eindruck haben, von anderen bestimmt zu werden, von Terminen gejagt zu werden, dann erleben wir das als Entfremdung. Etwas Fremdes beherrscht unser Leben. Die Liebe sollte das Fremde in Eigenes umwandeln.

Wenn ich eine Arbeit, die mir von außen aufgezwungen ist, aus freiem Willen heraus als meine Herausforderung von Gott her annehme, dann liegt mir die Arbeit nicht mehr wie ein fremder Brocken im Magen, den ich möglichst bald ausstoßen müßte, sondern es wird meine Arbeit. Das Objekt der Arbeit ist mir zwar vorgegeben, daran kann ich nichts ändern. Aber das Wie ist meine Sache. Und indem ich das Wie selbst in die Hände nehme, verwandle ich auch das Was. Ein Stein, den ich haue, wird zum Ausdruck meines Inneren.

Die Arbeit, die mir vorgegeben ist, ist so ein Stein, den ich durch meine Art, die Arbeit zu gestalten, zum Ausdruck meines Inneren umformen kann. Die Liebe gestaltet und formt das Vorgegebene um und verwandelt es zu einem Teil meiner Person.

Sich selbst lieben heißt sich annehmen. Auf den Rat, sich selbst anzunehmen, stößt man heute allerorten. Aber die Frage ist, wie ich das denn konkret tun soll. Lieben heißt gut haben, gut handhaben. Es hat etwas mit den Händen zu tun. Auch annehmen kann ich nur mit den Händen. Ich nehme etwas in meine Hände, es wird ein Teil von mir. Sich selbst annehmen heißt, sich selbst in seine Hände nehmen, zärtlich und gut mit sich umgehen. Liebe ist etwas Handgreifliches, etwas Leibhaftes. Ich gehe gut mit mir um, wenn ich meinen Leib gut behandle, ich soll ihn nicht verweichlichen, sondern durchsichtig machen auf Gott hin. Ich soll auf ihn hören. Durch Krankheit, durch Behinderungen, durch Schmerzen sagt er mir etwas über mich selbst aus. Was er mir sagt, das soll ich annehmen, in meine Hände nehmen, einen Teil von mir werden lassen, mich damit aussöhnen.

Das Gleiche gilt von den Gedanken, die in mir aufsteigen. Auch sie soll ich annehmen, als einen Teil von mir akzeptieren. Aber ich soll auch unterscheiden, ob die Gedanken nicht von außen auf mich einstürmen und mich daran hindern, ich selbst zu sein. Dann muß ich auch gegen die Gedanken kämpfen und mich dadurch gut behandeln, daß ich gute Gedanken in mich einlasse, mich von ihnen heilen lasse. Die Mönche füllten sich bewußt mit guten Gedanken an, indem sie die Bibel lasen. Bibel lesen war für sie nicht nur Gottesliebe, sondern auch ein Stück Selbstliebe. Denn die Bibel vertreibt unsere negativen Gedanken und heilt uns durch die göttlichen Gedanken, die uns unseren eigentlichen Kern erst entdecken lassen. Alle Askese ist letztlich Selbstliebe. Wir gehen gut mit uns um, wir wollen den guten Kern in uns immer mehr zum Wachsen bringen und durch die Mittel der Askese wie Disziplin, Beten, Schriftlesung, Fasten und so weiter das Dornengestrüpp entfernen, das uns daran hindert, uns zu entfalten und aufzublühen.

Gott lieben

Was meint Jesus damit, daß wir Gott lieben sollen mit ganzem Herzen und ganzer Seele, mit all unseren Gedanken und mit all unserer Kraft? (Markus 12,30) Wir kennen alle diese Gebote. Aber wie sieht das aus, wenn ich Gott aus ganzem Herzen liebe? In seinen Abschiedsreden sagt Jesus: »Wenn ihr mich liebt, werdet ihr meine Gebote halten.« (Johannes 14,15) Jesus beschreibt Liebe als Verhalten, als Tun. Die Gebote halten heißt, mit sich selbst, mit seinem Leben, mit seiner Zeit, mit der Schöpfung und mit den Menschen so umgehen, wie es Gott entspricht. Die Liebe zu Gott zeigt sich im richtigen Umgang mit seinen Spiegelungen, mit seiner Schöpfung, vor allem mit seiner höchsten Schöpfung, dem Menschen.

Wir sind immer in Gefahr, die Spiegelungen Gottes für Gott zu halten, uns so in sie zu verlieren, daß sie absolute Bedeutung für uns gewinnen. Dann werden sie für uns zu Götzen. Und dann verkehrt sich alles. Wir werden zu Sklaven, zu Sklaven des Erfolges, des Geldes, des Besitzes, der Anerkennung, zu Sklaven von Menschen, die wir anbeten, die für uns alles werden. Gott mit ganzem Herzen zu lieben, das meint, daß wir Gott an die erste Stelle rücken, daß wir alles so behandeln, wie es der Wirklichkeit entspricht, als das uns von Gott Gegebene und nicht als Gott selbst. Gott lieben ist damit letztlich der wirklichkeitsgerechte Umgang mit Menschen und Dingen, mit unserer Zeit und mit unserem Leben.

Wenn mir meine Gesundheit zum höchsten Gut wird, dann kreise ich übertrieben um mich. Ich bin darauf fixiert, daß mir ja nichts schadet. Meine Gesundheit wird mir dann zum Götzen. Und schon gehe ich nicht mehr gut mit mir um. Wenn ich Gott liebe, schaue ich auch auf meine Gesundheit, ich richte mich nicht zugrunde, weil ich das und jenes doch erreichen möchte, sondern ich gönne mir Zeit und Ruhe. Aber ich kreise nicht um mich und meine Gesundheit. Ich bin frei, mich in Dienst nehmen zu lassen. Ich nehme auch die Krankheit aus Gottes Händen an, als etwas, worin er zu mir spricht, mich auf meine Grenzen hinweist, auf eine innere Unordnung, die in mir ist, oder aber einfach als das, was er mir in seinem unerklärlichen Ratschluß zumutet, vielleicht um ein Stück Unheil in dieser Welt auszuleiden.

Die Liebe zu Gott äußert sich auch im Umgang mit seiner Schöpfung. Wenn ich die Welt um mich herum als Geschenk Gottes an mich behandle, dann hege und pflege ich sie, dann beute ich sie nicht aus, dann spiele ich mich nicht zu ihrem Herrn auf. Gott ist Herr über die Schöpfung. Sie spiegelt seine Herrlichkeit und seine Macht wider. In meinem Umgang mit der Schöpfung beachte ich immer, daß ich in ihr etwas von Gott berühre. Seine Schöpfung ist von seinem Geist durchdrungen. In der Schöpfung gehe ich daher im wahrsten Sinne des Wortes handgreiflich mit Gott um. Ich berühre in ihr einen Zipfel Gottes, voller Ehrfurcht und mit dem Wissen, daß sich meine Liebe zu Gott, dem Herrn der Schöpfung, darin zeigt, wie ich seine Schöpfung liebe.

Aber kann ich Gott nur in seinen Spiegelungen lieben, im Mitmenschen, in der Schöpfung, in mir selbst? Gibt es nicht auch eine direkte Beziehung zu Gott? Die Psalmen sprechen davon, daß wir Gott lieben, indem wir seine Gebote meditieren, indem wir seine Taten in der Geschichte betrachten, indem wir einverstanden sind mit dem, was er in der Schöpfung geschaffen und was er in der Geschichte getan hat. Die Liebe zu Gott zeigt sich also in der Zeit, die wir uns für ihn nehmen. In dieser Zeit beschäftigen wir uns bewußt mit dem, der hinter aller Schöpfung und Geschichte steht, der auch hinter unserem Leben steht. Und dieses Geheimnis, das alle sichtbare Wirklichkeit übersteigt, wird in der Bibel als eine Person gesehen, mit sehr menschlichen Farben geschildert, als liebenswerter Gott, aber oft genug auch als unverständlicher Gott, über dessen Tun man lange nachdenken muß, mit dem man lange ringen und kämpfen muß, um sich schließlich zu ergeben und daran glauben zu können, daß man sich in seine liebenden Hände hinein ergibt. Die Welt und die Menschen werden nur durchlässig auf Gott hin, wenn wir uns Zeit nehmen allein für diesen Gott, wenn wir in die Stille hineinhorchen, um diesem Geheimnis näherzukommen, es besser zu verstehen und schließlich mit ihm eins zu werden. Gott lieben heißt letztlich, mit ihm eins werden.

Die Liebe deutet nicht nur um, sie wandelt um. Sie nimmt Gott und sein unbeschreibliches Geheimnis so in die Hände, daß sie eins werden mit ihm. Das ist das Ziel aller Liebe, eins zu werden mit ihm, erfahren, daß unser Leben nur heil wird, wenn wir eins werden mit Gott. Und um dies zu erfahren, müssen wir die Welt, die Menschen und uns selbst vergessen, und uns allein auf Gott einlassen, uns in ihn hineinversenken, vor ihm niederfallen und ihn anbeten. In der Anbetung wollen wir nichts mehr für uns selbst erreichen. Wir bitten Gott um nichts, auch nicht um die Lösung unserer Probleme. Wir vergessen uns und unsere Probleme, wir tadeln uns nicht, und wir rechtfertigen uns nicht vor Gott. Wir geben das Kreisen um uns selbst auf und fallen einfach nieder, weil Gott uns berührt, weil er wichtiger ist als unsere persönliche Verfassung. In uns allen steckt diese

Sehnsucht, endlich einmal sich selbst vergessen zu können und so von Gott berührt zu werden, daß uns aufgeht: Gott allein genügt. Dann ahnen wir, was es heißt, Gott um seiner selbst willen zu lieben.

Den Bruder und die Schwester lieben

Das Gebot der Nächstenliebe scheint uns zu überfordern. Wie kann ich einen Menschen lieben, der mir unsympathisch ist, der in mir negative Gefühle auslöst? Ich kann doch meine Gefühle nicht vergewaltigen, ich kann doch nicht mir selbst und dem anderen gegenüber unehrlich sein. Wenn wir vom Begriff der Liebe als Umwandeln der umgedeuteten Wirklichkeit oder als Gutbehandeln des als gut Gesehenen ausgehen, dann zwingt uns die Liebe nicht, unsere negativen Gefühle zu unterdrücken und ein künstliches Wohlverhalten allen Menschen gegenüber an den Tag zu legen.

Wozu wir uns zwingen müssen, das ist die neue Sicht des anderen. Wir müssen unsere Vorurteile in Frage stellen und versuchen, den anderen bewußt einmal mit der Brille des Glaubens zu betrachten und in ihm an einen guten Kern zu glauben. Zur Liebe dürfen wir uns nicht zwingen. Die Liebe folgt aus dem Glauben. Unsere Aufgabe ist es, unser Verhalten in Übereinstimmung mit unserer Sichtweise zu bringen. Sonst sind wir in uns selbst gespalten. Aber wir brauchen in uns keine Gefühle der Liebe zu erzeugen. Wenn wir im anderen eine Sehnsucht nach dem Guten entdecken, werden in uns auch positivere Gefühle hochkommen. Lieben bedeutet dann, den anderen so zu behandeln, daß wir seine Sehnsucht nach dem Guten ernst nehmen, daß wir das Gute in ihm immer mehr hervorlocken, daß wir dazu beitragen, daß das Gute in ihm das Krankhafte und Unheile, das Böse und Dunkle immer mehr überwindet, so daß der ganze Mensch gut wird. Lieben heißt, den anderen gut machen, ihn immer mehr in einen guten Menschen verwandeln.

Wenn der Glaube das Erkennen einer Lösung zweiter Ordnung ist, so führt die Liebe diese Lösung durch. Wie der Glaube, so verläßt auch die Liebe die Ebene, auf der man endlose Spiele spielt. Ein endloses Spiel ist das Spiel von Sieg und Niederlage. Manche Menschen können nur auf der Ebene von Sieg und Niederlage miteinander umgehen. Entweder bin ich stärker oder schwächer als der andere, entweder siege ich oder er. Einer muß immer verlieren. Doch das ist ein Spiel ohne Ende. Denn wenn ich einmal verloren habe, so kämpfe ich darum, das nächste Mal zu gewinnen. Und wenn ich nicht gegen den gleichen Partner gewinnen kann, suche ich mir andere aus, die ich besiege. Denn ich kann es nicht aushalten, ein ewiger Verlierer zu sein.

Die Liebe verläßt diese Ebene von Sieg und Niederlage, sie überspringt sie und geht mit dem anderen auf einer höheren Ebene um. Sie sieht ihn nicht als Konkurrenten, sondern als einen Menschen, in dem viel Gutes steckt. Und sie ist daran interessiert, das Gute in ihm zu verstärken, seine

Möglichkeiten in ihm zu wecken und ihn leben zu lassen. Sie braucht die Niederlage des anderen nicht, um an den eigenen Wert und die eigene Kraft glauben zu können. Wer in sich oder vielmehr in Gott seinen Grund und seinen Wert gefunden hat, der kann auch den anderen in seinem Wert gelten lassen. Das ist weniger anstrengend als der ständige Druck, über den anderen siegen zu müssen.

Indem ich die Ebene von Sieg und Niederlage überspringe, entziehe ich mich dem ständigen Kampf, mich behaupten zu müssen. Und auf einmal entdecke ich viel positivere Möglichkeiten, mit dem anderen umzugehen. Ich kann mich an seinem Wert freuen. Das schmälert nicht meinen Wert, sondern gibt mir im Gegenteil Anteil an seinem Reichtum. Es braucht nur viel Phantasie, die Ebene von Sieg und Niederlage zu überspringen und so eine Lösung zweiter Ordnung zu erreichen. Im Wesen der Liebe liegt es ja, sich von Intuitionen leiten zu lassen, sich phantasievolle Lösungen auszudenken, neue Wege und Möglichkeiten zu entdecken. Die Liebe macht erfinderisch. Manchmal ist sie auch ein bißchen verrückt. Aber ihre verrückten Lösungen sind menschlicher als das endlose Spiel auf der Ebene von Sieg und Niederlage.

Wir erschweren uns häufig die Liebe zu den Menschen, indem wir uns zu hohe Ideale davon machen. Das gilt für unsere Beziehung zum Nächsten. Da nehmen wir uns immer wieder vor, den anderen zu lieben. Und dann sind wir maßlos enttäuscht, daß der andere einen völlig konträren

Standpunkt einnimmt, daß er uns widersteht oder uns gar bekämpft. Wir verwechseln oft Liebe mit Harmonie. Es wäre doch so schön, wenn alle harmonisch miteinander leben könnten. Aber das ist eben eine Utopie. In unserer Sehnsucht nach Harmonie sind es ja meist die anderen, die diese Harmonie stören. Und dann haben wir auf einmal Probleme, die Spielverderber weiter zu lieben.

Die echte Liebe stellt keine Bedingungen an die anderen. Sie nimmt sie, wie sie sind. Sie konstatiert ganz nüchtern, was in ihnen ist: Unzufriedenheit, Aggressivität, Machtstreben, Suche nach Anerkennung, Intrige, aber eben auch Sehnsucht nach dem Guten. Die Liebe macht sich nichts vor, sie verwandelt das Faktische. Sie weckt das Gute im kranken und kaputten Menschen. Die Liebe hat keine Angst vor Konflikten. Denn sie übersteigt die Ebene des Konfliktes. Sie fragt auch in einem Konflikt, was dem anderen wirklich guttut. Indem die Liebe die Ebene übersteigt, beißt sie sich in einem Konflikt nicht an den Emotionen fest, sondern bleibt konsequent in der Suche nach der echten Lösung.

Die Sehnsucht nach Harmonie weicht der harten Realität aus und flüchtet in eine Scheinwelt. Die Liebe stellt sich der Wirklichkeit, sie läßt sich auf sie ein und wandelt sie um. Verwandeln kann man nur, was man angenommen hat. Diesem Grundgesetz des Lebens folgt die Liebe, indem sie bejaht, was sie vorfindet.

Utopische Vorstellungen erschweren oft die Liebe zwischen den Partnern in einer Ehe oder

Freundschaft. Da schwärmt man von der gegenseitigen Liebe und fällt dann aus allen Wolken, wenn der Partner das Geschirr nicht abgespült hat. Der Höhenflug der Liebe endet in den Banalitäten des Alltags. Für Benedikt von Nursia zeigt sich die brüderliche Liebe ganz konkret in der Bereitschaft, die täglichen Dienste zu übernehmen und gewissenhaft und sorgfältig auszuführen. Die Liebe muß Fleisch werden und die Realität des Lebens annehmen. Die Realität ist oft nüchtern und besteht aus tausend Kleinigkeiten. Dem anderen begegne ich eben nicht nur in seinen hehren Gedanken und Gefühlen, sondern auch in seinen Gewohnheiten, die mir auf die Nerven gehen.

Für Benedikt zeigt sich daher die Liebe gerade auch im Ertragen der gegenseitigen Schwächen und Gebrechen. (RB 72)[7] Statt utopischen Vorstellungen nachzuhängen, läßt sich die Liebe auf die Wirklichkeit des anderen und des konkreten Miteinanders ein, sie verschließt die Augen nicht vor der Wirklichkeit, aber sie überspringt die Ebene, auf der man sich gegenseitig reibt. Sie sieht durch das Sichtbare hindurch auf das Unsichtbare im anderen, auf seine gute Absicht, auf seinen guten Kern, auf seine positiven Möglichkeiten. Und sie behandelt ihn von dieser Ebene aus. Dadurch relativieren sich viele Reibereien. Sie werden nicht mehr so schrecklich wichtig. Sie werden nicht verleugnet und verdrängt, sondern angenommen und verwandelt. Die Utopie endet in Resignation, die Liebe dagegen geht die alltäglichen Probleme aktiv an, mit viel Phantasie, mit

Geduld und einem langen Atem, und mit Humor, der eine typische Lösung zweiter Ordnung darstellt. Diese Eigenschaften der Liebe hat Paulus im Korintherbrief in klassischer Weise beschrieben:

> »Die Liebe ist langmütig (makrothymos, magnanimitas, weitherzig, mit einem langen Atem), die Liebe ist gütig (chresteuetai, sie macht gut) ... Sie erträgt alles, glaubt alles, hofft alles, hält allem stand.« (1 Korinther 13,4.7)

Die Liebe stellt sich der Realität, sie hält ihr stand, sie erträgt sie und wandelt sie um, weil sie in ihr an das Gute glaubt, das Gott da hineingelegt hat. Und weil sie von Gott erhofft, daß er mit seiner Liebe alles zu verwandeln vermag.

III. Loben – gut nennen – umbenennen

Loben heißt im Deutschen etwas gut nennen, das
Gute aussprechen, Gutes sagen. Für den alttesta-
mentlichen Menschen ist das Loben eine Grund-
form der menschlichen Existenz. Gerhard von Rad
schreibt in seiner Theologie des Alten Testamentes:

> *Loben ist die dem Menschen eigentümlichste
> Form des Existierens. Loben und nicht mehr lo-
> ben stehen einander gegenüber wie Leben und
> Tod.* «[8]

Nur dort, wo Tod ist, gibt es kein Lob. Wo
Leben ist, wird auch gelobt. Es gehört zum Wesen des Menschen, daß er loben kann. Loben heißt,
etwas erhöhen, bewundern, verehren, zu etwas
aufsehen und das auch in Worte fassen. Das Loben bezieht sich im Alten Testament letztlich immer auf Gott. Gott wird gelobt für seine Taten,
für seine Schöpfung und für sein Wirken in der
Geschichte, für sein Handeln am Volk Israel und
an einzelnen Menschen. Im Loben äußert der alt-
testamentliche Mensch seinen Glauben an Gott,
im Loben faßt er in Worte, was er glaubt. Im Loben drückt er aus, daß er Gottes Schöpfung und
sein Wirken in der Geschichte für gut hält, und
daß er damit einverstanden ist.

Das Loben benennt die Dinge um, es deutet in Worten um, was wir im Glauben gedanklich umgedeutet und neu gesehen haben. Aber das Loben muß nicht immer dem Erkennen im Glauben folgen. Im Chorgebet ist uns das Loben vorgegeben. Vielleicht ist uns gar nicht danach, Gott zu loben, weil wir zu sehr in unserem Ärger gefangen sind. Wenn wir uns dann trotzdem auf das Lob einlassen, kann uns darin ein Licht aufgehen: auf einmal sehen wir unsere Situation anders. Das Loben hat in uns also den Glauben geweckt. Weil wir die Dinge anders benannt haben, sehen wir sie nun auch anders. Das Sehen folgt hier dem Sprechen. Wir übernehmen ein vorgegebenes Sprachmuster und erkennen dadurch die Wirklichkeit, wie sie ist.

Loben im Alltag

Benedikt verlangt von seinen Mönchen, daß sie siebenmal am Tag Gott, ihrem Schöpfer, das ihm gebührende Lob singen »wegen seiner gerechten Gerichte« (RB 16). Das Gotteslob unterbricht immer wieder die Arbeit. Mitten aus der Arbeit heraus richten die Mönche ihren Blick auf Gott und loben ihn. Dadurch relativiert sich ihre Arbeit. Nicht die Leistung zählt, nicht die Selbstverwirklichung durch die Arbeit, sondern die Verherrlichung Gottes. Gott steht im Mittelpunkt. Um ihn dreht sich alles. Und wenn sich alles um ihn dreht, dann kommt auch der Mensch ins Lot, dann gewinnt auch seine Arbeit den richtigen

Stellenwert. Das siebenmalige Lob Gottes verändert den Alltag. Es befreit uns davor, daß wir auf die Arbeit und unsere täglichen Sorgen fixiert sind. Es läßt uns immer wieder auf Gott schauen, der unser Leben trägt, über den wir mehr staunen sollen als über die Werke unserer Hände.

Benedikt kennt jedoch nicht nur das feierliche Gotteslob des Chorgebetes. Er fordert die Mönche vielmehr mitten in ganz banalen alltäglichen Situationen auf, Gott zu loben. Wenn es zum Beispiel die Ortsverhältnisse nicht zulassen, daß die Mönche den ihnen zugestandenen Wein auftreiben können, dann sollen sie Gott loben und nicht murren. (RB 40) »Benedicere« sagt Benedikt hier, das meint das Gleiche wie loben: gut reden, gut von der Situation sprechen, gut von Gott sprechen. Die Situation erscheint von unserem Bedürfnis nach Wein aus gesehen als schlecht. Wenn wir nun in dieser Situation Gott loben, gut von ihm sprechen, dann deuten wir die Situation um. Wir sind dann nicht mehr fixiert auf unser nicht erfülltes Bedürfnis, sondern wir schauen auf Gott, erkennen, daß er auch in diesem Mangel bei uns ist. Und vielleicht geht uns dann auf, daß er allein unseren tiefsten Mangel erfüllen kann.

Benedikt verurteilt immer wieder das Murren. Im Murren deuten wir die Situation allein von unseren unerfüllten Wünschen und Bedürfnissen aus. Dadurch werden wir blind für Gottes Wirken an uns. Murren ist Ausdruck des Unglaubens. Wir wollen Gott gar nicht mehr sehen, wir sehen nur noch uns und unsere Wünsche. Wir sind wie ein kleines Kind, das trotzt, weil ihm die Mutter einen Wunsch nicht erfüllt hat. Alles ist auf einmal gegen uns. Wir reagieren wie Jona, der sich voller Zorn über den eingegangenen Rizinusstrauch den Tod wünscht und noch meint, er sei im Recht. Wir verlieren im Murren die Übersicht. Wir verrennen uns und werden blind für Gottes Wirken. Das Loben dagegen befreit uns von dieser Fixierung auf unsere Bedürfnisse. Es öffnet uns den Blick für Gott, der in jeder Situation gut an uns handelt, der uns aber auch herausfordern kann, damit wir uns ihm noch mehr ergeben und in ihm unseren Frieden suchen anstatt in der Stillung unserer Bedürfnisse.

Als Paulus und Silas ins Gefängnis geworfen wurden, beteten sie um Mitternacht und sangen Loblieder. (Apophthegma 16,25) Da bebte die Erde, die Tore des Gefängnisses öffneten sich und die Fesseln sprangen ab. Im Loben bekamen sie einen neuen Blick für ihre Situation. Sie lobten Gott, von dem sie wußten, daß er sie überall begleitet und schützt. Gott nahm ihre Umdeutung an und ließ die Erde beben. Ihr Loben war ein Vorgriff auf Gottes Handeln. Im Lob besangen sie Gottes Möglichkeiten mit ihnen. Sie trauten Gott etwas zu. Sie baten Gott nicht um seine Hilfe, sie überließen sich Gott. Sie priesen seine Taten in der Vergangenheit, seine Herrlichkeit und Güte. Obwohl Gottes Güte kaum sichtbar war, da sie im innersten Gefängnis saßen und die Füße im Block hatten, sprachen sie gut von Gott.

Mit ihrer Umdeutung im Lob veränderten sie ihre Lage. Sie waren nicht mehr traurig und resigniert, sondern voller Hoffnung. In ihnen war soviel Leben, daß die Erde davon erbebte. Die innere Veränderung mußte sich auch nach außen hin ausdrücken. Ihre Lebendigkeit im Herzen ließ die Fesseln von ihnen abspringen und die Tore des Gefängnisses öffneten sich. Weil sie innerlich nicht mehr gefangen waren, deswegen fiel auch ihre äußere Gefangenschaft weg. Türen taten sich auf und sie kamen in eine neue Beziehung zum Gefängniswärter, der sie an den Tisch bat, ihre Wunden heilte und sie mit einem Mahl stärkte.

Als Henri Nouwen sieben Monate in einem Trappistenkloster zugebracht hatte, dachte er, er habe einige seiner persönlichen Probleme lösen können. Doch kurz nach seiner Rückkehr in seinen Beruf tauchten wieder seine depressiven Stimmungen auf. Zunächst dachte er, die sieben Monate im Kloster hätten ihm nichts gebracht. Er war enttäuscht über sich selbst. Doch auf einmal erkannte er: »Klöster baut man nicht, um Probleme zu lösen, sondern um Gott mitten aus den Problemen heraus zu loben.«[9]

Viele meinen, durch Beten und Meditieren könnten sie ihre Probleme lösen, könnten sie ihre Depression überwinden, ihre Empfindlichkeit ablegen, ihre innere Leere ausfüllen. Doch häufig nützt ihr Beten nichts. Sie beten dann immer mehr und werden noch unzufriedener. Das ist dann wieder eine typische Lösung »Mehr desselben«. Und dahinter steckt die utopische Vorstellung, als würden sie alle ihre Probleme einmal lösen, als würden sie irgendwann einmal doch endgültig alle Krisen hinter sich gebracht haben. Aber diese utopische Vorstellung, die zu einem ständigen Mehr an Gebet führt, ist selbst das Problem. Mitten aus den Problemen heraus Gott zu loben, das deutet die Situation um. Ich bitte nicht um eine Änderung der Situation, um eine Lösung des Problems, sondern ich lobe Gott mitten aus den Problemen heraus.

Das relativiert die Probleme, das ändert schon die Situation. Denn ich habe Abstand dazu, ich werde nicht mehr beherrscht von meinen Schwierigkeiten, ich muß nicht immer daran denken, ich kann von mir selbst absehen und auf Gott sehen, den ich lobe ob seiner »gerechten Gerichte«. Dadurch habe ich schon die Ebene verlassen, auf der ich im Problem stecke. Ich kann alles von einer anderen Warte aus sehen und bin schon in einer typischen Lösung zweiter Ordnung. Ich laufe nicht länger der utopischen Lösung nach, als ob ich alle meine Probleme lösen müßte. Im Loben löse ich nicht das Problem, sondern ich löse mich von ihm. Es hat mich nicht mehr im Griff. Und dadurch ist es schon ein Stück geändert. Weil ich nicht mehr auf das Ändern fixiert bin, hat sich in mir etwas geändert. Ich kann nun gelassen mit meinen Problemen leben.

Oft höre ich die Klage: »Ich habe jetzt schon soviel gebetet, und immer wieder mache ich den gleichen Fehler, immer wieder reagiere ich empfindlich auf Kritik, immer wieder ziehe ich mich beleidigt zurück. Es hat ja doch keinen Zweck mehr, gegen meine Fehler anzukämpfen. Ich komme ja doch nicht von ihnen los.« Das ist wieder die utopische Lösung, die hier angestrebt wird und dann in Resignation endet. Im Loben gebe ich meine Fixierung auf das Loskommen von meiner Empfindlichkeit auf. Es ist gar nicht so wichtig, ob ich nun empfindlich bin oder nicht. Ich lobe trotzdem Gott. Im Loben deute ich meine Sensibilität um, ich nenne sie anders und dann reagiere ich auch anders. Es macht mir nicht mehr soviel aus, wenn ich mir durch meine Empfindlichkeit wieder eine Blöße gebe.

Ich lobe Gott, der mich trotz allem trägt. Im Loben erkläre ich mich einverstanden mit dem, was Gott mir zumutet. Und wenn er mir meine Empfindlichkeit zumutet, dann hat sie auch eine positive Bedeutung. Ich muß sie gar nicht loswerden, ich muß sie nur anders sehen, anders benennen, dann kann ich auch anders damit umgehen. Dann ist sie für mich nicht mehr so dramatisch. Allmählich wird sie sich auflösen.

Die Mönche loben siebenmal am Tag Gott. Wenn sie zum Gotteslob zusammenkommen, bestehen zwischenmenschliche Konflikte und Spannungen häufig noch weiter. Auch das gemeinsame Gebet löst ihre Probleme nicht einfach. Aber es relativiert ihre Konflikte. Gott, der die ganze Welt geschaffen hat und sie trägt, kann auch diese Gemeinschaft mit ihren oft lächerlichen Problemen tragen. Wenn ich von den menschlichen Reibereien weg und auf Gott hin schaue, dann erkenne ich erst, wie kleinkariert wir doch denken und uns künstlich Probleme schaffen, wie wir nur um uns kreisen und daher alles verkomplizieren. Der Blick auf Gott im gemeinsamen Loben weitet unsere Augen. Von Gott her können wir die Probleme erst richtig einordnen und entschärfen. Das Loben nennt Gott den Herrn unseres Lebens und damit benennt er unser Leben mit seinen Problemen um. Und durch das Nennen schafft es in uns eine neue Einstellung, ein neues Daseinsgefühl. Es macht uns gesund und söhnt uns mit uns selbst, mit unserer Situation und mit Gott aus.

Den Schöpfer loben

Für Benedikt ist das Loben zutiefst ein Loben des Schöpfers. Das Lob des Schöpfers drückt das eigene Selbstverständnis als Geschöpf aus. Wer begriffen hat, was das heißt, Geschöpf zu sein, sein Sein nicht aus sich heraus zu haben, sondern aus Gott, für den ist es selbstverständlich, daß er seinen Schöpfer preist. Das Loben ist der Ausdruck seines Existierens als Geschöpf, Bekenntnis, daß er von Gott abhängig ist, daß sein Sein in jedem Augenblick geschenktes Sein ist. Das Loben deutet unsere Existenz von Gott her. Und diese Deutung läßt uns anders leben. Sie läßt uns aus Gnade leben und nicht aus Leistung. Wir müssen uns unseren Wert nicht selbst beweisen, sondern wir erfahren ihn immer wieder neu von Gott her, der uns als gut geschaffen hat und uns mit seinen guten Händen trägt. Wir brauchen uns unsere Daseinsberechtigung nicht zu erkämpfen, indem wir uns als nützlich erweisen, sondern wir dürfen sein, weil Gott uns gewollt hat, weil er uns jeden Augenblick will und uns im Sein hält.

Das Lob des Schöpfers läßt uns auch die Welt in einem neuen Licht erscheinen. Im Loben lenken wir unseren Blick bewußt auf die Schönheit der Schöpfung. Und dieser Blick bereichert wiederum unser Leben. Unser Loben wird nun selbst schöpferisch, kreativ. Es schafft die Schönheit der Schöpfung in der Schönheit der Worte nach. Unser Loben wird selbst Schöpfung. Den Griechen war das bewußt. Denn sie hatten für Schöpfung und Dichtung das gleiche Wort: »poiesis«. Der Dichter schafft die Welt in seinen Worten neu. Er befreit die Schönheit der Dinge durch das Wort zum Leben. Er macht die Schönheit erfahrbar. Er gibt der Schöpfung einen neuen Glanz.

Daß das Lob die Schöpfung nicht nur umdeutet, sondern neu schafft, davon waren die Alten überzeugt. Ämiliana Löhr drückt diese Überzeugung mit den Worten aus: »Weil sie singen, darum bestehen die Dinge fort, werden fortwährend neu geschaffen.«[10] Das klingt reichlich übertrieben. Wie soll denn das Lob der Mönche diese Welt neu schaffen? Nehmen sich die Mönche da nicht viel zu wichtig? Und doch entspricht es einer allgemein menschlichen Erfahrung. Für die Menschen der Antike waren Kult und Schöpfung eine Einheit. Vom Kult erwarteten die Alten den Fortbestand und die Fruchtbarkeit der Schöpfung.

Diese Anschauung war die Grundlage für die zahlreichen Fruchtbarkeitskulte.

Im christlichen Bereich wurde diese Sicht vergeistigt. Das Wort, der Logos, der die Welt erschaffen hat, schafft die Dinge neu. Durch das Wort werden die toten Dinge lebendig, wird das Geschaffene neu, wird die Welt wieder offen auf den Schöpfer hin. Durch das Wort des Lobes werden alle Dinge wieder durchsichtig auf Gott hin und so erlöst aus ihrer Verschlossenheit. Die menschliche Schuld hat die Welt gegenüber Gott verschlossen, das Lob öffnet sie wieder, es macht ein Fenster auf, durch das Gottes Licht wieder durch die Dinge scheinen kann.

Wenn wir durch eine wunderbare Landschaft fahren, uns aber fortwährend über Politik streiten oder uns über das letzte Fußballspiel unterhalten, dann ist die Landschaft nicht wirklich da, es fehlt ihr etwas. Das Wort, das die Schönheit der Landschaft preist, hebt vieles an ihr erst ins Dasein. Zumindest läßt es die Wirklichkeit ihrer Schönheit an uns und für uns erst wirklich wirksam werden. Das lobende Wort weckt das Leben, das in der Landschaft schlummert, für uns auf. Es schafft das in ihr verborgene Leben neu. Es läßt es für uns lebendig werden.

Das Wort des Lobes hat Anteil an der schöpferischen Kraft des Logos. Durch das Wort hat Gott alles geschaffen, sagt der Johannesprolog. In den Psalmen loben wir Gott mit seinen eigenen Worten. Indem wir seine Worte über die Schöpfung und über unser Leben sprechen, schaffen wir mit

Gott seine Welt neu. Gottes schöpferisches Wort erklingt in unserem Loben und bringt so die Schöpfung erst zur Vollendung, erlöst sie aus ihrer Gefangenschaft und Schuldverstrickung, verbindet sie mit ihrem Ursprung und macht sie heil.

Was das Loben bewirken kann, ist mir aufgegangen, als ich mit einem Mitbruder durch ein trostloses Dorf im Makondeplateau in Tanzania ging. Der Mitbruder, der dort als Missionar wirkte, erklärte mir ihre Lage. Vier Stunden müßten sie zur Zeit gehen, um an einem schmutzigen Brunnen Wasser zu holen. Dann gingen wir in die Kirche zu einer Andacht. Die Afrikaner sangen mit Begeisterung ihre Lieder. Für mich war es wie ein Fenster der Hoffnung, das sich da auftat über dem trostlosen Dorf. Das Singen und Loben ließ auf einmal Licht durch das Fenster aufstrahlen. Die Christen konnten ihr Leben nun anders sehen. Mitten in dem trostlosen Staub wurde der Schöpfer der Welt sichtbar. Das Lob ließ die Christen in diesem Dorf anders leben. Hätten wir mit Geld die wirtschaftliche Situation entscheidend verbessert, hätte das ihre Hoffnungslosigkeit kaum aufgehoben. Es war ihnen ja schon geholfen worden, aber sie haben die Wasserpumpen zugrunde gerichtet und alles blieb beim Alten. Das Singen und Loben hat in ihre Situation mehr Licht gebracht als alle finanzielle Hilfe. Es hat ihr Leben umgedeutet und so ein Stück weit neu geschaffen.

Gut vom Menschen reden

Es ist eine Erfahrungssache, daß wir mit Loben bei vielen Menschen oft weiterkommen als mit ständiger Kritik. Wer Kinder zu erziehen hat, der weiß, wieviel ein lobendes Wort bewirken kann. Wenn ich im Lob das Gute am anderen benenne, wecke ich es zum Leben, locke ich das Gute in ihm hervor. Das Lob vergißt nicht, daß im anderen auch negative Seiten sind, die keineswegs gelobt werden können. Aber das Loben spricht bewußt das Gute an. Es hebt das Gute ins Wort und damit zum Leben. Denn auch hier gilt: was ausgesprochen wird, wird wirksam. Das Aussprechen schafft etwas von dem, was ausgesprochen wird. Zumindest wird es für den Hörer bewußter und dadurch kann es in ihm etwas bewirken.

Wer das Loben allerdings nur als pädagogischen Trick einsetzt, wird vom anderen bald durchschaut werden. Und dann wirkt das Lob nicht mehr. Im Wesen des Lobes liegt es, daß der Lobende von sich selbst absieht, daß er es nicht verzweckt. Im Loben sollen wir von unseren Absichten absehen und auf den anderen sehen, ihn in den Mittelpunkt stellen. Das kommt schon in der sprachlichen Form zum Ausdruck. Ich sage zwar zu einem »ich danke dir«, aber nie »ich lobe dich«, sondern ich kleide das immer in einen Satz, in dem der andere Subjekt ist: »Du hast das gut gemacht, du siehst schön aus, du hast einen guten Eindruck gemacht.«[11]

Im Loben vergesse ich mich, vergesse ich auch die Wirkung des Wortes auf den anderen. Ich lobe, weil ich das so sehe, und weil der andere in mir das Lob hervorruft. Im Loben lasse ich dem anderen Raum. Er wächst durch das Lob. Er kann sich entfalten. Das Gute in ihm wird durch mein Ansprechen verstärkt. Und er kann nun selbst ein Stück mehr an das Gute in sich glauben, es zulassen und so sein Wachsen fördern.

Das Loben darf natürlich nicht unehrlich werden. Aber es gibt bei jedem Menschen neben seinen Fehlern und Schwächen immer auch etwas, was man loben kann. Indem ich das Negative übergehe und das Positive ins Wort hebe, deute ich den anderen um. Ich will ihn gar nicht ändern, sondern versuche, ihn anders zu sehen. Das ändert zumindest mich selbst. Und diese Änderung wird auch der andere wahrnehmen.

Ich lobe den anderen, auch wenn er in seinen Fehlern steckenbleibt. Ich verfalle also nicht der utopischen Lösung, die den anderen erst zu einem idealen Christen und Ordensmann machen will. Ich erwarte vom anderen nicht, daß er diese Utopie des idealen Menschen erfüllt, ich deute ihn um. Das macht eine Lösung zweiter Ordnung möglich. Die Lösung erster Ordnung dagegen, bei der ich den anderen immer mehr kritisiere und er sich immer mehr rechtfertigt, führt zu keiner Besserung, zu keiner Lösung, sondern zu einem Spiel ohne Ende. Das Loben überspringt die Ebene, auf der Änderungen erwartet werden. Es läßt auf den anderen Licht fallen von einer höheren Ebene her, von der Ebene Gottes, dessen Licht in jedem Menschen leuchtet. Und wenn Gottes Licht im anderen leuchtet, dann ändert sich meine Beziehung zu ihm und er wird in sich selbst anders, er wird neu, er wird heil.

Schluß

Meine Gedanken über den Glauben als Umdeuten wollen dich, lieber Leser, liebe Leserin, nicht zum Glauben überreden. Ich will dich nicht überzeugen, daß du unbedingt glauben mußt oder daß dein Leben ohne Glauben wertlos ist. Ich wollte dir mit diesen Gedanken nur einen Zugang zum Glauben anbieten. Vielleicht ist dir beim Lesen aufgegangen, daß Glauben nicht etwas ist, was unserem Verstand völlig widerspricht. Denn ob du willst oder nicht, in irgendeiner Weise deutest du immer die Wirklichkeit. Und die Frage ist, woher du die Gewißheit nimmst, daß gerade deine Deutung stimmt. Wenn du deine Deutungsmuster genauer anschaust, wirst du entdecken, daß du sie nicht selbst entwickelt hast. Sie sind nicht Ergebnis deines klaren Nachdenkens. Vielmehr hast du sie von irgendwoher übernommen, von deinen Eltern, von deiner Umgebung, von den Medien, vom Zeitgeist. Wenn du das erkannt hast, dann kannst du es ja auch einmal mit dem Deutungsmuster des Glaubens probieren. Du mußt nicht glauben. Aber du kannst dir das Experiment des Glaubens erlauben. Dann wirst du sehen, was es mit dir macht. Wenn es dir guttut, dann bekommst du vielleicht Lust am Glauben.

Ich würde mich freuen, wenn du neuen Geschmack am Glauben finden würdest.

Zum Schluß möchte ich nochmals zusammenfassen, wie ich das Modell des Glaubens als Umdeuten verstehe:

Der Glaube als Umdeuten der Wirklichkeit vollzieht sich in drei Schritten: der erste Schritt ist das Erkennen einer Lösung zweiter Ordnung, die neue Sichtweise. Manchmal blitzt es förmlich auf und man sieht die Situation, sich selbst und den anderen völlig neu. Ein andermal muß ich mir bewußt die Frage stellen: Kann ich das nicht auch anders sehen? Gibt es nicht auch ein anderes Verstehensmodell? Dann relativiert sich meine bisherige Betrachtungsweise und ich ahne etwas von der Umdeutung des Glaubens.

Der zweite Schritt ist das Umwandeln der Wirklichkeit in der Liebe. In der Liebe gehe ich auf neue Weise mit der umgedeuteten Wirklichkeit um, ich gehe gut mit ihr um, behandle sie gut, mache sie gut. Der dritte Schritt ist das Loben, in dem ich das neu Gesehene auch benenne, die neue Sehweise auch mit Worten ausdrücke. Man kann nicht sagen, welcher Schritt dem anderen folgt. Alle Schritte hängen miteinander eng zusammen. Rein logisch ist das Sehen das erste. Aber manchmal lerne ich auch erst neu zu sehen, wenn ich liebe oder wenn ich lobe. Das Wort des Lobes kann mir die Wirklichkeit neu erschließen und sie mir liebenswert machen. Und umgekehrt drängt die Liebe zum Loben.

Das Modell »Glauben als Umdeuten« kann uns nicht nur den Zusammenhang von glauben, lieben und loben deutlich machen, sondern es hilft uns auch, mit unserem Leben, mit unseren Schwierigkeiten und Problemen, mit unseren Ängsten und Schwächen, mit der Unvollkommenheit der Menschen um uns herum, mit unserer Gemeinschaft in der Familie, im Kloster und in der Kirche besser zurechtzukommen. Der Glaube als Umdeuten bewahrt uns vor den Fehllösungen der Utopie, der Paradoxie, der schrecklichen Vereinfachung und vor einem ständigen »Mehr desselben« und weist uns einen Weg, wirkliche Lösungen zu entdecken, Lösungen zweiter Ordnung, Lösungen von Gott, der allein die Lösung unseres Lebens in Händen hält, der auch das Problem unseres Todes zu lösen vermag, in dem letztlich all unsere Probleme gipfeln, und den er in der Auferstehung seines Sohnes umgedeutet und umgewandelt hat zum Weg in ein Leben in Fülle.

Lösung zu Seite 10:

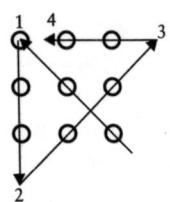

Anmerkungen

1   P. Watzlawick/J. H. Weakland/ R. Fisch, Lösungen.
    Zur Theorie und Praxis menschlichen Wandels, Bern
    1974. Alle im Text angegebenen Seitenzahlen be-
    ziehen sich auf dieses Buch.

2   Vgl. A. Grillmeier, Die Wirkung des Heilshandelns
    Gottes in Christus, in: Mysterium Salutis, heraus-
    gegeben von J. Feiner und M. Löhrer, Band 3, 2,
    Einsiedeln 1969, S. 375f.

3   Vgl. Duden, Band 7 Etymologie, Mannheim 1963,
    S. 403.

4   Vgl. K. Lehmann, Phänomen, Phänomenologie, in:
    Sacramentum Mundi, Freiburg 1969, S. 1157–
    1163.

5   Vgl. Willigis Jäger, Kontemplatives Beten, Münster-
    schwarzach 1985, S. 29ff.

6   Vgl. F. Ruppert/A. Grün, Christus im Bruder,
    Münsterschwarzach 1979.

7   Die Regel des heiligen Benedikt, herausgegeben im
    Auftrag der Salzburger Äbtekonferenz, Beuron,
    5. Auflage 1990. Im Text abgekürzt mit „RB".

8   Gerhard v. Rad, Theologie des Alten Testamentes,
    Band 1, München 1966, S. 381.

9   H. M. Nouwen, Ich hörte auf die Stille, Freiburg,
    3. Auflage 1979, S. 199.

10 Ämiliana Löhr, Abend und Morgen ein Tag, Re-
    gensburg 1955, S. 110.

11 Vgl. C. Westermann, Das Loben Gottes in den Psal-
    men, Göttingen, 4. Auflage 1968, S. 22.

Die Lebenskunst der Klöster

Münsterschwarzacher Kleinschriften

VIER-TÜRME-VERLAG

Vier-Türme GmbH, Verlag
Schweinfurter Straße 40 D-97359 Münsterschwarzach Abtei
Telefon 09324/20-292 Telefax 09324/20-495
Bestellmail: info@vier-tuerme.de / www.vier-tuerme.de